Introduction
to Data Mining
for Business

ビジネス・
データマイニング入門
【増補改訂版】

喜田昌樹 [著]
Masaki Kida

東京　白桃書房　神田

まえがき：本書の目的・特徴とデータマイニングの導入

I 本書の目的・特徴

　本書は，喜田（2010）の増補改訂版である。それ故，目的及び特徴などは喜田（2010）と同じである。喜田（2010）では，データマイニングというとありがちな人工知能や認知科学または数学領域での理系中心の書物ではなく，このような手法が最も影響力を持っているビジネスの世界もしくは経営学でどのように用いられているのか，を説明した。なぜなら，コンピューターやインターネットの利用の普及，もしくはデータマイニングなど最新の情報技術の普及は最も早くビジネスの世界で活用されるからである。ただし，人工知能や認知科学，数学領域がデータマイニングに果たしてきた役割は否定しない。例えば，第5章で説明するアルゴリズムをカスタマイズするときに重要になる。

　その上で，喜田（2010）はデータマイニングの企画をビジネスの世界で構築できることの手助けとなることを目的としている。それ故，喜田（2010）では，データマイニングがどのように経営学での経営戦略論やマーケティング論の中で位置づけられるのか，を意識し，基本的な経営戦略論及びマーケティング論の知識の習得を間接的・直接的に目的ともする。

　喜田（2010）は，以上の目的を持っている。これまでに多くのデータマイニングの入門書が出版されている。例えば，Cabena, Hadjnian, Stadler, Verhees & Zanasi（1989），Berry & Linoff（1997；2000），山鳥・古本（2001），岡嶋（2006），元田・津本・山口・沼尾（2006），Olson & Yong（2007），加藤・羽室・矢田（2008）等である。これらの入門書の多くは，データマイニングの数学的基盤を説明する書物，もしくはあるソフ

ウェアを導入している企業の事例集，経営学的ではあるがマーケティング領域での活用法に特化している書物，である。このような状況で同じく入門と題する本を出版するのには，以下のような特徴があるためである。

　第1は，経営学での理論的背景（特に経営戦略）に直結してデータマイニングについて説明することである。なぜなら，データマイニング自身が経営学の応用領域として扱われるために，それを行うには，基本的な経営学とマーケティングの知識が必要であるためである。また，データマイニングが位置づけられるナレッジ・マネジメントは経営学では最新の領域の1つであり，ナレッジ・マネジメントの議論を習得するためにも経営学の基礎知識は必要である。

　第2は，本書で説明するデータマイニングの手法や活用法は，マーケティング部門があるような大企業のみではなく，中小企業や零細企業，もっと言うと，店舗レベルで用いることが可能であるということである。つまり，第2の特徴は，幅広い企業体に用いることを可能にすることである。

　この2つの特徴は，このように対象とする場面を広げることでデータマイニングのすそ野を広げたいと考えているためである。そのためには，マーケティングという領域に限定せずに，データマイニング活用のルーツは経営戦略にあるとするほうがよいと考えられる。そのことを通じて，どのような企業体であろうとも，経営戦略の一環としてデータマイニングを位置づけることができると考えられる。

　第3は，最近のナレッジ・マネジメントやビジネス・インテリジェンスの中でデータマイニングを位置づけることである。つまり，ナレッジ・マネジメントの一環としてのデータマイニングという位置付けである。ナレッジ・マネジメントは経営学において最新の領域の1つであるとされる。そこでは，知識共有の中心に議論されてきたが，最近ではその知識を活用する方向で議論が進められ，ビジネス・インテリジェンスの領域に発展している（BIソリューション総覧編集委員会，2009）。知識活用の方法としてデータマイニングを位置付けすることによりナレッジ・マネジメントでの位置付けを明

らかにすることできよう。また，Wu & Kumar（2009），Mitsa（2010）等のように欧米の出版社において「データマイニングと知識発見」のシリーズが出版されている。このような動向から，データマイニングが最近再度注目を集めていると考えられる。

　第4は，第6章以降で示すように，実際のマーケティング領域及び経営戦略や顧客関係管理の問題（経営課題）をフィクションのデータではあるが，実際に解決する方法や事例を提示することである。例えば，第6章では金融機関での不良債権者を予測すること（金融リスクの設定）や，第7章では，途中解約・顧客離反（チャーン）の問題もしくはダイレクトメールに反応する顧客を予測する。第8章では，実際の購買活動よりセグメンテーションを行う方法，第9章では，おすすめ商品を探す方法，等である。これらを通じて，どのようにデータマイニングがある領域（経営課題）に用いることが可能であるのか，よりデータの作成・モデル構築の点なども含めて詳細に知ることができる。

　第5は，テキストマイニングをデータマイニングの延長線上でとらえることにより，テキストマイニングとデータマイニングの間の隔たりを少しは解決しようとする点である。著者は喜田（2008；2018）等で示したように，本来はテキストマイニングの研究者である。しかし，研究途上でテキストマイニングをデータマイニングの延長線上でとらえることの利点を得ることができた。それは，テキストマイニングとデータマイニングを共に用いるという「混合マイニング」の有効性と可能性である。

　本書及び喜田（2010）の書くきっかけとなったのは，ある大学での情報関連の講義である。そこで，著者は本書で示すような内容の講義を行い，実際学生にデータマイニングの企画を書かせる課題を示したことと関連する。それは，実際，本書を読んでどの程度の企画が立案できるかを，最後に数例ではあるが示すことが最後の特徴である。

　以上が，本書の特徴である。このような特徴（意図）をもって，本書は書かれている。本書の対象となる読者は，大学生を中心とする学生である。ま

た，データマイニングに関心は持っているがどのように経営学と関連しているのかを知りたい大学院生，研究者も対象としている。その上で，もちろんのことだが，データマイニングを実際行っている，データサイエンティストと呼ばれる実務家である。

そこで，改訂版としての本書の特徴を挙げることにしよう。第1は，最新のデータマイニングツールであるIBM SPSS Modelerを中心とすることである。第2は，最近注目を集めているデータ・サイエンスとの関係を明確にすることである。そして，最後は，データ・サイエンスの中で『分析用データを作成する』という領域，データマネジメントとデータクリーニングなどデータマイニングを行う前提条件に光を当てていることである。そして，この点を通じて，ビジネス・データ・サイエンスというビジネスを領域として持つデータ・サイエンスを確立することを最終目標としている。

II 本書の流れ（構成）

本書は以上のような目的と特徴を持っている。その目的を達成するために，本書では，以下のような流れ（構成）を持っている。

第1章では，データマイニングの導入の背景としてどのように経営手法が変化してきたかを明らかにする。そのためには，まず経営戦略論の基礎的な知識が必要となり，しかもどのように経営手法が変化してきたかを明らかにするためのスタートポイントが必要である。データマイニングはナレッジ・マネジメントとの深い関係がある。その上で，データマイニングを導入することについては，初期のナレッジ・マネジメントから情報技術を用いるナレッジ・マネジメントへの転換という大きな流れがある。そこでここでは，これらについて説明する。

最後に，データマイニングと競争戦略論でいう競争優位との関係を示す研究を紹介し，データマイニングと経営戦略との関係をより明確にすることに

しよう。

　第2章では，データマイニングの概説について説明した後，最近のデータ・サイエンスの議論を紹介し，その中で，本書及びデータマイニングがどのように位置づけられるのか，などについて説明する。次に，データマイニングにはデータが必要である。そのデータの種類や最近のビッグ・データについての議論を参考に，ビッグ・データとの関係について説明することにしよう。なお，より具体的なデータ作成（分析用データの作成）については，第3章で説明する。

　その上で，これらのデータをデータマイニングするのであるが，それにはある種の台本が必要である。なぜなら，データマイニング自身を標準化する必要があるためである。その代表的な台本であるCRISP_DMについて説明した後，このフェーズがデータ・サイエンスの領域とどのように関連するのか，を説明する。最後に，前述したようにデータマイニングはデータ分析を通じて競争戦略の立案（戦略策定）と関連する。ここでは，データマイニングと戦略的分析の関係を明らかにすることによって，よりデータ分析及びデータマイニングと経営戦略論との関係を示すことにしよう。

　第3章では，データマイニングを行う前提条件について説明することにしよう。前提条件の第1としては，ツールの基礎的な知識が必要である。本章では，最新のツールであるIBM SPSS Modelerの操作手順などについて説明することにしよう。

　次の前提条件は，「データウェアハウスの構築」，「データマネジメント」，「分析用データを作る」，「VISUALIZATION（可視化，もしくはデータ表現）」である。データクリーニングなどについて説明した後，具体的な分析用データを例示する。そして，最後に分析用データ作成に重要なデータの質について検討することにしよう。

　第4章では，データマイニングが実際どのように行われているのか，つまり，活用領域を明らかにする。大きな活用領域としては顧客関係管理につながるマーケティング領域とリスク管理の領域を挙げる。次に，前著では，

川下，つまりマーケティング領域に注目したが，本書では，ビジネス・システム全体を意識することを提示する。ビジネス・システム全体を意識することで，顧客関係管理の重要性がより高まることを理解した上で，顧客関係管理について説明する。その上で，データマイニングの活用領域を一言で言うと「商圏」を明らかにすることであることについて説明することにしよう。

第5章では，まずモデリング手法の概説をすることにしよう。次にIBM SPSS Modelerで利用可能で，代表的なアルゴリズム（ニューラルネットワーク，決定木，クラスター化，アソシエーション・ルール）について説明する。そこでは，概説，用いる際の要件，長所と短所などについて説明する。最後に，これらアルゴリズムをどのような経営課題に用いるのか，について示すことにしよう。

第6章では，ニューラルネットワークを用いて，予測を行うことを説明する。そこでは，代表的な事例である金融機関での与信限度枠の設定についての事例を提示する。そこでは，金融機関の顧客の個別化の背景にも触れている。

第7章では，決定木を用いての予測について説明する。その際，途中解約；顧客離反（チャーン），乗換モデルの事例を説明することにしよう。まず，チャーンについての理論的な議論から顧客関係管理との関係を説明する。次にフィクションの通信業界用データを用いて乗換モデルの構築とそのモデル内容を明らかにする。決定木はその名にもあるように顧客の意思決定のプロセスを示す点から，消費者行動論のモデルとの関連を示唆する。次に，予測を用いる経営課題の1つであるダイレクトメールに反応する顧客についての予測について説明する。最後に，予測モデルの特徴であるアルゴリズム（ニューラルネットワークと決定木）の併用・比較について説明することにしよう。最後に，アルゴリズムと予測する変数の関係について説明し，より良いモデル構築の方向性を示すことにしよう。

第8章では，まずマーケット・セグメンテーションの理論的基礎とその分類軸に関する変遷を明らかにしたのちに，パン屋さん（小売店データ）を

基にした実際の購買活動によるセグメンテーションについて説明することにしよう．そして，最後に，実際の購買活動によるセグメンテーションと個人属性との関係を明らかにすることで，本章で取り上げる方法の可能性を示唆することにしよう．

　第9章では，アソシエーションを用いたマーケット・バスケット分析の背景となっているロングテール現象やその現象を取り込んだビジネスであるロングテールビジネスについて説明する．次に，ロングテールビジネスの基礎となり，データマイニングの代表的な方法であるマーケット・バスケット分析について説明する．その上で，より具体的にパン屋さんを事例にどのようにマーケット・バスケット分析を行い，おすすめ商品を選定するのか，について提案することにしよう．最後にこのようなロングテールビジネスがどのような市場（商圏）の変化を引き起こしているのか，を説明することにしよう．

　第10章では，データ・サイエンスでのもう1つ重要な手法であるテキストマイニングについて説明する．テキストマイニングは最近のビッグ・データの一部であるテキストという「非構造化データ」を対象にする．

　そこで，まず，データ・サイエンスの中でのテキストマイニングを位置づけ，定義を行った後，テキストマイニングの流れ（作業手順）を説明する．その後，データ・サイエンスの 1) VISUALIZATION（可視化），2) ANALYSIS（分析），3) PREDICITIVE ANALYSIS（MODELING）（＝予測的分析）に応じて，自己の研究例を挙げながら説明することにしよう．

　第11章では，以上の内容を学習した学生が立てたデータマイニングの企画を取り上げる．そこでは，予測，分類，アソシエーションの順に整理している．

　おわりにでは，データマイニングの汎用性とビジネス・データ・サイエンスに向けての2点について説明することにしよう．データマイニングの汎用性では，本書で取り上げたビジネスでの利用法が学術的利用法として用いることができることを示す．その上で，本書がデータマイニングをデータ・サ

イエンスの中で位置づけることを目的としてきたことから，ビジネス・データ・サイエンスの構築について議論することにしよう。

　以上が，本書の流れである。このような章立てを読者の関心別に提示すると以下のようになる。

　データマイニングに対して何の知識もなく，とりあえずデータマイニングは何かを知りたい読者は，第1章から第4章までをとりあえず読んでいただきたい。

　データマイニングに対してある一定の知識はあるが，どのように活用するのか，またどのような背景を持っているのか，を知りたい読者，特に経営学との関係を知りたい読者は，第1章，第4章，第6章から第9章までの最初の部分を読んでいただきたい。

　データマイニングのソフト（ツール）に関心があり，それをどのように活用するのかに関心のある読者は第3章，第5章を中心に，第6章から第9章までの後半部分にあるモデル構築の実際のところを読んでいただきたい。

　データマイニングを実際行っており，経営学及びマーケティング領域での実例や実際の作業手順などについて関心がある読者は，第3章，第4章，第6章から第9章までを読んでいただきたい。

　データマイニングのみならずテキストマイニングに関心のある読者は前述の章を読まれたのち，第10章を中心に読んでいただきたい。

　そして，この書物が，どのようにデータマイニングの企画立案に役に立つのか，という教育的効果を知りたい方は第11章をぜひ読んでいただきたい。この章を読まれたのち，前の章を読んでいただければ，この書物の意図や内容が理解しやすくなると考えられる。

　本書は，以上のような目的と特徴，流れ（構成）を持っている。そこで次の節では，データマイニングがどのように導入されるのか，について説明することにしよう。なお，以下の議論は喜田（2008；2010；2018）を基礎にしている。これによって，本書がどのような意図と目的を持っているのか，をより明らかにすることができる。

III 導入する意義：データマイニングを組織内で行う能力・スキルの構築の促進

　企業及び研究者が，導入する前にもデータマイニングに触れる4つの機会がある。
　①分析結果を購買することである。
　②ある特定の業務に特化したデータマイニングを用いたソフトを買う。
　③外部機関を使う。データマイニングセンターの利用＝日本ではない。ベンダーを使う。コンサルタント及び市場調査会社を使う。
　④自社，自分で行う。つまり，導入する。→これが重要。
　Berry & Linoff（2000）は以上の4つの機会を提示した後に，ツールによって自動化できる部分がいまだにマイニングプロセスにおいて非常に小さいことなどから，マイニングの専門部署を構築する必要性を示唆している。なお，三室・鈴村・神田（2007）や一般社団法人日本情報システム・ユーザー協会（2014），石倉他（2016）では質問票調査から，マイニングの専門部署及び組織が必要であるということを示唆している。
　現在，各企業では，企業内のデータ活用を推進するために情報活用部という専門部門を構築している（喜田・一般社団法人日本情報システム・ユーザー協会ビジネスデータ研究会，2018，以下，喜田・日本情報システム・ユーザー協会，2018）。
　そこで，ここでは，導入する意義をスキル構築の点から説明することにしよう。
　①外部者に委託しないことで，長期的には，マイニングのスキルを組織内で構築することができる。この点は，ベンダーがその当該企業に向けたトレーニングプログラムの作成などを行うことを必要とすると考えられる。
　②内部者の知識である社内語を含めた業務知識を軸とした分析を中心にすることができる。この点が，最も自社内でマイニングを行う専門部門の

必要性を認識しなければならない点である。この点を解決するためにコンサルタント的な機能を持つ市場調査会社の存在も重要である。つまり，企業内でのシソーラス（辞書）の構築をコンサルタント会社と共に行うことである。

③マイニングによる仮説構築を組織的に行うことが可能となる。

④業務に埋め込まれている文書を通常において分析することが可能となる。つまり，一回限りでない分析が可能となる。CS調査（顧客満足調査）は系時的な分析を必要とする。それ故，数回の調査を行うことが重要となり，必然的にそのコストを削減することが求められる。

⑤市場（顧客）は常に変化している上に，その要求もそのたびにおいて変化し，多様である。これに対応するためには，既存のCS調査のように期限を設定するような分析では対応できない。そこで，常に，データが入ってくることを想定したマイニングの利用を促進することが必要となる。それには，組織内でマイニングを利用するスキル，能力を構築する必要がある。

⑥ウェブを利用したデータ獲得（デジタル化されているデータ）が逐次できるような環境にあるのならば，外部機関（市場調査会社）のデジタル化を売りにするマイニングプロジェクトは意味を持たない。この点と関連して，ウェブアンケート作成ソフトなどマイニングプロジェクトを支援するソフト開発を行うベンダーもある。

⑦分析結果と，既存の組織の知識,評価基準（価値）と関連づけることで，より明確な仮説構築ができる。市場からの仮説構築と組織内知識の分析からの仮説構築という2つの方法を,当該組織は持つことが可能となる。

つまり，自社内でスキル構築する最大の理由は，データマイニングの活用には自社独自の業務知識が必要かつ重要であり，業務知識との関連付けを行うためである。

本書は，導入を決めた企業及び研究者に向けて，マイニングスキルを着けた人，最近ではデータサイエンティストを育成することを目的に，マイニン

Ⅲ　導入する意義：データマイニングを組織内で行う能力・スキルの構築の促進

グの行い方及び利用法を説明することにしよう[1]。ただし，当時と比べるとここでいうマイニングスキルを持つ実務家，研究者が増加しているが，最近の調査でも分析能力を必要とする実情は変わっておらず，データサイエンスに関する学部の設置などを見てもそのニーズはより深まっていると考えられる（石倉他，2016；喜田・日本情報システム・ユーザー協会，2018）。

　以上のような導入意義からデータマイニングの導入することになる。本書は，導入を決めた企業及び研究者に向けて，そのデータマイニング能力を着けた人（データサイエンティスト）を育成することを目的に，どのような事例，課題に用いることができるのか，を中心に説明する。

　最後に1つ，本書の基礎となっている考えがある。それは「事実＝データ」に基づいた経営を行うことの重要性である（Pfeffer & Sutton, 2006）。実務界での各個人や経営者の直感ではなく，その企業が貯蔵しているデータを基に経営を行うことである。そして，その代表的な手法が，本書で提示するデータマイニングである。それ故，本書で提示した方法を書く企業において顧客データを中心にしたデータで実際行っていただきたいと考えている。また，Porter（1996）等の日本企業の戦略立案に対して疑念を持つ研究がある。もしくは，日本企業が戦略を実行すること，オペレーション中心であることについても問題視されている（三品，2004；2007）。本書でデータマイニングをマーケティング領域のみならず経営戦略論と関連づけることにより，日本企業の戦略立案に有効であり，しかもその指針になることを提案する。この点は欧米において，後述するようにデータマイニングを経営戦略立案に活用するモデルなどを提示しているからも支持されると考えられる（Pyle, 2003；Mitsa, 2010）。

　次章では，データマイニングを導入する経営学的な手法の変化という背景について説明することにしよう。そこでは，データマイニングの経営学での位置付けを目的に，経営学及び経営戦略論，マーケティング論などの基本的な説明から入り，データマイニングを導入するに至った経営手法の変化についても説明することにしよう。

注

1 マイニングスキルを身に着けたデータサイエンティストのキャリアやスキルに関しては，喜田・日本情報システム・ユーザー協会（2018）の第5章を参照されたい。

目　次

まえがき：本書の目的・特徴とデータマイニングの導入　i
　I　本書の目的・特徴　i
　II　本書の流れ（構成）　iv
　III　導入する意義：データマイニングを組織内で行う能力・スキルの構築の促進　ix

第1章　データマイニング導入の背景：経営手法の変化

はじめに　1
　I　経営戦略論の基礎：全社戦略と競争戦略，ビジネス・システム，マーケティング管理　2
　II　情報化の推進によるビジネス・システムの変化　12
　III　データマイニング導入の背景としてのマーケティング手法の変化　16
　IV　初期のナレッジ・マネジメントから情報技術を用いるナレッジ・マネジメントへ　21
　V　競争優位とデータマイニング（分析力）　29
おわりに　31

第2章　データマイニング入門：データ・サイエンスの中で

はじめに　33
　I　データマイニングとは　34
　II　データマイニングに用いられる情報（顧客情報と取引データ）とビッグ・データ　38
　III　データマイニング（データ・サイエンス）の台本としてのCRISP_

目 次

　　　 DM　40
　Ⅳ　データマイニングの台本と戦略立案：データマイニングの経営学での位置付け　45
おわりに　48

第3章　データマイニングの前提条件：データマネジメントとデータクリーニング

はじめに　51
　Ⅰ　データマイニングツールの基礎知識：IBM SPSS Modeler 入門　52
　Ⅱ　データウェアハウスの構築：システム統合とデータ統合　58
　Ⅲ　データマネジメントとは　60
　Ⅳ　分析用データを作る：データビジュアライゼーション，データクリーニング，分析用データの例　63
おわりに：データの質とは　77

第4章　データマイニングのビジネスでの活用領域

はじめに　79
　Ⅰ　マーケティング管理　80
　Ⅱ　リスク管理　81
　Ⅲ　ビジネス・システム全体をイメージする　82
　Ⅳ　顧客関係管理：CRM（customer relationship management）　84
　Ⅴ　商圏を明らかにする　87
おわりに　89

目 次

第5章　データマイニングで用いるアルゴリズム：
AI＝人工知能に向けて

はじめに　91

　Ⅰ　モデリング手法の概説　92

　Ⅱ　ニューラルネットワーク　93

　Ⅲ　決定木（ルール算出）　95

　Ⅳ　クラスター化　97

　Ⅴ　アソシエーション　100

　Ⅵ　代表的なアルゴリズムと経営課題及び経営手法　102

おわりに　104

第6章　ニューラルネットワークで与信管理をする

はじめに　107

　Ⅰ　金融機関による顧客の個別化の事例　108

　Ⅱ　与信管理をする　110

おわりに：予測の根拠を示す　114

第7章　決定木で乗換モデルを作る

はじめに　117

　Ⅰ　チャーン，イノベーションの普及，顧客関係管理　118

　Ⅱ　乗換モデルを作る　123

　Ⅲ　決定木と消費者行動モデル：ダイレクトメールに反応する顧客の予測　128

　Ⅳ　予測モデルで明らかにできるその他の経営課題　132

　Ⅴ　モデルの比較（より良いモデル構築に向けて）：アルゴリズム選択　132

おわりに　137

第8章　クラスタリング手法を用いて顧客を分類する

はじめに　139

- Ⅰ　マーケット・セグメンテーション（市場細分化）の動向　140
- Ⅱ　実際の購買活動から分類する手法　146
- Ⅲ　クラスターに含まれる購買者の属性を見る：既存のセグメンテーションの問題点　152

おわりに　153

第9章　アソシエーションを用いて購買活動を関連づけ、顧客の気付きを促進する

はじめに　155

- Ⅰ　この手法の背景：商品のロングテール現象とロングテール化を進める要因　156
- Ⅱ　ロングテールビジネス　159
- Ⅲ　マーケット・バスケット分析と2つの注意点　161
- Ⅳ　パン屋さんのデータでマーケット・バスケット分析をする　166
- Ⅴ　POSデータでのデータ活用及びデータマイニングとデータ・サイエンスの領域　175

おわりに：ここまで　178

第10章　データマイニングの応用としてのテキストマイニング：データ・サイエンスの中のテキストマイニング

はじめに　181

- Ⅰ　テキストマイニングとは：データ・サイエンスの中で　182
- Ⅱ　VISUALIZATION（可視化）：言及頻度分析とウェブ分析　189
- Ⅲ　ANALYSIS（分析）：概念数の変化と各変数との関係　195

Ⅳ　Predictive analytics（予想・予言的分析）：著者判別と話題の分類　197
おわりに　202

第 11 章　データマイニングの企画を立てる（大学生の立てた企画）

はじめに　205
　Ⅰ　予測　206
　Ⅱ　分類　208
　Ⅲ　連関（アソシエーション）　213
おわりに　218

おわりに：データマイニングの汎用性とビジネス・データ・サイエンスに向けて　221
付録　229
参考文献　233
謝辞　247

第1章

データマイニング導入の背景
：経営手法の変化

> **キーワード**
> 経営戦略，全社戦略，競争戦略，ビジネス・システム，マーケティング管理，マーケティング手法，ナレッジ・マネジメント，競争優位

はじめに

　本書は，まえがきでも述べたように，データマイニングがどのように経営学での経営戦略論やマーケティング論の中で位置づけられるのか，を意識し，基本的な経営戦略論及びマーケティング論の知識の習得を間接的・直接的に目的とする。そこで，本章では，データマイニングの導入の背景としてどのように経営手法が変化してきたかを明らかにする。そのためには，まず経営戦略論の基礎的な知識が必要となり，しかもどのように経営手法が変化してきたかを明らかにするためのスタートポイントが必要である[1]。なお，本書では，より詳しい点については，各章で必要であると考えられるところで説明している。最後に，データマイニングと競争戦略論でいう競争優位との関係を示す研究を紹介し，データマイニングと経営戦略との関係をより明確にすることにしよう。

I　経営戦略論の基礎：全社戦略と競争戦略，ビジネス・システム，マーケティング管理

1）経営戦略とは

　経営戦略については，数多くの定義や概念がみられる。経営戦略の多様な概念の多くにみられる共通項の第1は，経営戦略が企業の将来の方向あるいはあり方に一定の指針を与えるものであるとする点である。第2の共通項は，経営戦略が企業と環境のかかわり方（つまり環境適応のパターン）に関することである。最後は，経営戦略が企業におけるさまざまな意思決定の指針あるいは決定ルールとしての役割を果たしている点である。

　以上の共通項を統合すると，経営戦略とは「環境適応のパターンを将来志向的に示すものであり，企業内の人々の意思決定の指針となるもの」と定義される（石井他，1985）。この定義は，環境におけるポジショニングを重視し，組織の能力からの戦略立案という視点とは異なることを指摘しておく。このように定義される経営戦略は次のような機能を持っている。

1) 企業が進むべき将来の方向を指し示すことによって，企業の中で行われる重要な意思決定に，基準と指針を与える。
2) 企業の中のさまざまな部署で行われる決定に組織的な一貫性及び整合性をもたらす。
3) さまざまな時点で行われる決定に時間的な一貫性と整合性をもたらす。
4) 人々の学習と注意の焦点を決める。
5) 人々に自信や将来に対する期待を与える。

　以上のように企業にとって経営戦略は重要である。そこでより具体的にその内容について見てみることにしよう。この内容が経営戦略の種類に関連している。本書はデータマイニングの活用法を中心としているために，市場及び顧客に軸足のある戦略内容に注目する。この点は，経営戦略論における2つの立場，ポジショニングスクール（環境分析中心）とリソースベースド・ビュー（能力分析中心）に関連していうと，前者を中心とする傾向があるこ

とを示している[2]。

2）企業戦略（＝全社戦略）

　企業戦略（＝全社戦略）は大きく言って企業全体の方向を決めることである。そこでは，次の2つの項目を決めることになる。1つは多角化の方向性に直結するドメインを定義することである。もう1つは，複数事業の中でどれを中心にするのか，等を決める事業構造の決定である。

①ドメインの定義

　ドメインとは，生物学での「生存領域」を意味し，経営学においては，「現在から将来にわたって自社の事業は何か，また，いかにあるべきか」である。また，「事業の定義」とも呼ばれる。ドメインは，企業の事業分野のリスト（事業ポートフォリオ）として示されることもあれば，それらを包括するあるいはそれらに共通した包括的なコンセプトで示されることもある。

　ドメインを決定するには，企業がどのような成長ベクトルを基礎とするのか，という点が重要である。成長ベクトルとは，企業が成長する方向性を示しており，次のように分類される（Ansoff, 1968）。

① 「市場浸透」：既存顧客が購入する頻度，量を増大させる。つまり，リピーターを開発することである。
② 「市場開発」：既存の製品を今までと違う顧客に販売すること，もしくは仕様を変更して今までと違うセグメントに参入することである。つまり，販路を拡大することである。
③ 「製品開発」：既存顧客及び市場に新商品を導入して成長を図ることである。
④ 「多角化」：新商品をこれまで参入していなかった市場セグメントに導入すること，新商品とともに新市場を開発することである。

　単一事業から複数事業への転換である。この際にドメインが特に関連するとされる。このような成長ベクトルに応じて，ドメインが決定されることに

		製品	
		既存	新規
市場	既存	市場浸透	製品開発
	新規	市場開拓	多角化

図表1-1　成長ベクトル図表
(出所：Ansoff, 1968, 加筆修正)

なる。その上で，ドメインは，第4章の「商圏」と関連する。

②資源展開の決定（事業構造決定，ターゲット設定）

　決められたドメインの中で，企業が一定の地位を確立するために競争に必要な経営資源を蓄積しなければならない。経営資源の蓄積と配分にかかわる戦略が資源展開戦略（事業構造決定，もしくは多角化の方向の決定）である。経営資源は，一般的に，人，もの，金など物的資源と，技術，ノウハウ，信用，のれん，ブランドイメージなどの情報的資源に分けられる。そこで重要になる点としてはいかに組織的な学習を推進するのか，という点にある。

　このような事業構造を決定するには，事業もしくは製品を評価する枠組みが必要であり，その代表的な枠組みがPPM（プロダクト・ポートフォリオ・マネジメント）である。PPMは，最も単純な場合には，市場成長率と相対シェア（最大競争者の市場シェアに対する自社の市場シェアの比率）という2つの基準を元に，ここの事業に対する投資戦略（拡大投資，現状維持，投資回収＝撤退）を決定する。基準（市場成長率と相対シェア）の理論的根拠となっているのが，経験曲線である。経験曲線は，累積生産量の増加とともに，平均生産費用が逓減することを示している。

　以上の基準を元にして，事業を評価する際に用いるのが図表1-2である。

　資金流入の点で要約すると，「金のなる木」を資金源とし，「花形事業」あ

BCGマトリックス

		相対マーケットシェア	
		高	低
市場成長率	高	花形 資金流入大 投資額大	問題児 資金流入が投資額を下回る
	低	金のなる木 資金流入大 投資額小	MSを拡大すること 負け犬 資金流入小

図表1－2　PPM（BCGマトリックス）

(出所：石井他，1985, p.55：図3－4加筆修正)

るいは「問題児」に資金を集中する一方で，「負け犬」や有望でない「問題児」から撤退することを意味する。

このように製品・事業部を評価することで，自社の事業構造，製品構成（ターゲット）を選択することになる。

3）競争戦略の決定

個々の事業分野において，蓄積・配分された資源を基に，いかに競争優位を確立するのか，を決定するのが競争戦略の決定である。競争戦略は，伝統的には，マーケティング領域をルーツとする。

競争戦略の策定に必要な構成要素としては，①産業と市場の分析，②顧客セグメントの分析，③自社の弱み強みの分析，④競争相手の弱み強みの分析，⑤競争優位の確立手段の決定などがある[3]。このような競争戦略策定の枠組みは，SWOT分析とも呼ばれる（Barney, 2002）。その上で，競争戦略について基本的なトピックとして，業界分析を示す市場構造分析とマイケル・ポーターの3つの競争戦略を取り上げる。

①市場構造分析（業界分析）

市場構造分析の次元は2つある。1つは既存企業間の競争の強さである。これに影響する要因として，業界を構成している企業の数と規模分布（集中

度）と製品差別化の程度がある。差別化の程度が高いほど投資収益率は高くなる。もう1つは，潜在参入者によってもたらされる参入の脅威の程度である。参入の脅威の程度は参入障壁の存在があり，それは次の3つの要因がある。第1は，規模の経済性の存在である。累積生産量が影響する産業においては，新規に参入する企業にとっては，先行者にコスト上の不利が存在することになるためである。第2は，参入するのに巨額な投資が必要であることである。その投資の存在は規模の経済性に関連し，また，その投資自体が撤退するときのコスト（サンクコスト）になるためである。第3は，流通チャンネル及び供給チャンネルの独占などである。

　市場構造分析の目標はその業界の競争状態を明らかにした上で，顧客セグメントの分析と競争相手の弱み強みの分析などを行い，自社のその業界でのポジション（競争状態）を明らかにすることである。自社の競争状態には次の3つの状態がある。第1は，競争優位であり，他社との競争に勝っている場合である。第2は，競争均衡であり，他社と互角に戦っている状態である。最後が競争劣位であり，他社との競争に負けている状態である。そして，競争戦略の目標は，競争劣位から，競争均衡へ，競争均衡から競争優位へと自社の競争状態を良くすることである。そのほかの代表的な業界構造分析の手法として，Porter（1985）のファイブフォースモデルがある。ファイブフォースモデルでは，5つの要因がその業界の競争状態を決めるとしている。①新規参入者の存在，②売り手（サプライヤー），③買い手（顧客），④代替品の存在，⑤競争相手の5つである。これを最も単純化したのが上での議論である。なお，これらを基にしたデータマイニングの活用法については，Mitsa（2010）で議論されている。そこでは，特に，これらの要因の変化を予測するのに用いている（Mitsa, 2010, pp.260-261）。

②代表的な競争戦略（マイケル・ポーター）

　自社の競争状態を良くするために何をするのか，については，Porter（1985）での競争戦略論がある。そこで，彼は競争優位を確立するために次

の3つの競争戦略を挙げている。

　そこで，コストリーダーシップ戦略と差別化戦略と関係してデータマイニング（データ活用）の基礎となるIT部門の役割を説明する（Hitt, Ireland & Hoskisson, 2012）。

　■コストリーダーシップ戦略とは，競合他社より低いコストを実現することで，より優位な立場を獲得している状態，あるいはそのための戦略である。ここでいうコストは，原材料調達から生産，流通，販売に至るまでのすべてのコストを含む。コストリーダーシップ戦略は市場シェア獲得が中心となる。なぜなら，販売数量の増加は経験効果を通じてコストの低下を導くからである。そして，この戦略は一般的な顧客を対象にしている。なお，IT部門の役割としては，コスト効果の高い経営情報システムのオペレーションの開発と維持が中心となる。

　■差別化戦略とは，競争業者に比べて，買い手に対して価格以上の価値を提供する経営戦略である。基本機能は同じであっても，斬新なデザイン，ブランドイメージ，広告などによって，その製品・サービスなど，価値活動の一部が優れているということを強調する。市場が同質であると捉え，他の競争業者と差別化を図ることで競争優位性を発揮しようとする戦略である。そして，この戦略は優良顧客及び顧客個人というように限定されている可能性があり，顧客関係管理が重要となる。なお，IT部門の役割としては，全領域における戦略的で重要なオペレーションの意思決定に関連する最新の市場情報とリアルタイム情報を提供する優れた情報システムの獲得と開発が中心となる。

　■集中戦略とは，ある特定の商品，セグメントに経営資源を集中し，参入障壁を利用した独占的な地位を確立する戦略である。

　前者2つの戦略は市場全体を対象にし，後者の集中戦略はある特定の商

品及び顧客などのセグメントに対象を絞り込むことである。このような絞り込み戦略は第8章で議論する顧客セグメンテーションと関連する。つまり，集中戦略はデータマイニングの1つの適応領域であるといえる。また，絞り込んだ市場において，コストリーダーシップ戦略と差別化戦略を行うことになる（浅羽・牛島，2010）。

③機能（職能）別戦略
　さらに，それぞれの機能＝職能（例えば購買，生産，マーケティング，財務，人事，ナレッジ・マネジメントなど）ごとに全社的に共通な戦略が構築される場合もあり，これは機能別戦略と呼ばれる。

　これらの戦略は視点や検討方法は異なるものの，お互いに整合性のとれた一貫したものであることが求められる。これらの企業経営にかかわるさまざまな戦略を総称して経営戦略と呼ばれるのである。全社戦略が競争戦略と機能別戦略とを規定する機能を持っており，一般的に戦略の構造と呼ばれる（Hofer & Schendel, 1978）。

４）経営戦略の構造

　このように複数の種類があるが経営戦略には構造がある（Hofer & Schendel, 1978）。その際重要になるのは，企業を1つの事業しか行っていない単一事業企業と，複数の事業を行っている複数事業企業（多角化企業）の区別である（喜田，2010）。前者の代表的なものとしていわゆる『老舗』企業が当たり，酒，味噌などの食品や陶磁器，漆器などの伝統産業（長寿企業）に属するような企業が含まれる。後者は単一事業から，企業の成長に基づいて複数事業に転換したものである（Ansoff, 1968）。その上で重要なのが，全社戦略と競争戦略の区別である。全社戦略とは，企業全体としてどのような方向性で経営していくのかを示したもので，これは企業戦略（corporate strategy）と呼ばれる。競争戦略については前述のとおりである。

Ⅰ　経営戦略論の基礎：全社戦略と競争戦略，ビジネス・システム，マーケティング管理

経営戦略の構造	単一事業企業	複数事業企業（多角化企業）
全社戦略と競争戦略の区別	全社戦略と競争戦略の間に明確な区別がない。ただし，全社戦略が競争戦略の枠組みを決めるということについては変わりがない。	全社戦略 ドメインの決定 事業構造の決定 ↓ 競争戦略 全社戦略と競争戦略の間に明確な区別がある。

図表1－3　全社戦略と競争戦略

（出所：喜田，2010）

その関係を示したのが図表1－3である。

5）ビジネス・システムの構築：新たな競争戦略

　伊丹・加護野（1989）は，競争戦略論でいう差別化を商品の差別化とビジネス・システムの差別化の二種類に分けている。そして，後者の差別化を重視している。なぜなら，商品レベルにおける差別化は寿命が短いことと，まねができるからである。ビジネス・システムレベルの差別化は，事業を行うための資源と，資源を活用する仕組みレベルでの差別化である。商品やサービスの開発のための要素技術，生産技術，工場設備や配置，セールスマンの数や営業組織，販売や流通の仕組み，顧客との長期的な関係（信頼蓄積）などによる差別化である。

　長期にわたり競争優位を確立した企業はビジネス・システムの差別化を行ってきたとする。言い換えると，企業が直面する競争には，商品の競争とビジネス・システムの競争があるということである。そして，長期的な企業成長及び事業継続性のためにはビジネス・システムの競争に勝つことが重視される。

　ビジネス・システムは企業の経営資源と経営資源から価値を生み出すための仕組みから成り立っている。ビジネス・システムを構築する際の視点として，①どのような顧客にどのような価値を提供するか，②誰が競争相手か，③何を基に持続的に比較優位を構築するか，という3点が必要であるとさ

れる。

　「どのような顧客にどのような価値を提供するか」については，顧客のニーズを確認することである。顧客がある商品を買う際のニーズは多面的である可能性がある。そこでは，製品の価格，製品そのもの（性能，品質，デザインなど），サービス（アフターサービスや支払い条件など），イメージ（製品の社会的認知や企業イメージ）に対してである。その上で，このような多面的なニーズの中で核となるところを考慮してビジネス・システムを構築することになる。

　「誰が競争相手か」で重要になるのは，マーケット・セグメンテーションと自社の位置付けをどのように行うのか，ということである。競争相手と自社とが異なるセグメントで競争及び差別化を行うことが重要となる。これについては，第8章で説明する。

　「何を基に持続的に比較優位を構築するか」については，産業への参入障壁もしくは移動障壁をどのように構築するのか，という点が問題となる。

　以上のように経営戦略論においてビジネス・システムの議論が重視されるようになっている。最近のビジネス・システムの議論については，加護野・井上（2004）及び加護野・山田（2016）を参照されたい。これらの議論を基に，第4章でデータマイニングの活用領域を議論する。この点が本書の改訂点の1つである。

6）マーケティング管理

　経営戦略論でビジネス・システムが重視されるようになったことから，「顧客ニーズや市場動向」への注目がより高まった。このような点に注目する領域として古くからマーケティング論がある。マーケティングとは「（広くは）人間や社会のニーズを見極めてそれにこたえることである」とされる（Kotler & Keller, 2006）。石井・栗木・嶋口・余田（2004，以下石井他，2004）では，より企業での経営戦略との関係を強調し，「企業が顧客との関係の創造と維持を様々な企業活動を通じて実現していくこと」であるとされ

Ⅰ　経営戦略論の基礎：全社戦略と競争戦略，ビジネス・システム，マーケティング管理

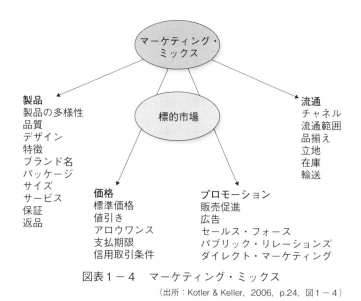

図表1－4　マーケティング・ミックス
(出所：Kotler & Keller, 2006, p.24, 図1－4)

る。このようなマーケティングは，複数の手法や活動を統合的に展開することによって実現され，その手法や活動は「マーケティング・ミックス」と総称される。マーケティング・ミックスは次の4つのカテゴリーに分けて提示される。①製品（product），②価格（price），③流通（place），④プロモーション（promotion）であり，マーケティングの4Pと呼ばれる。これらの活動は図表1－4にまとめられている（Kotler & Keller, 2006）。

　図表1－4をみると，マーケティング・ミックスは，マーケティングが広範囲な活動であることを示している。このような広範囲の活動をマネジメントするのがマーケティングマネジメントである。石井他（2004）では，マーケティングマネジメントとは「内的に整合がとれているとともに外部環境とも整合的なマーケティング・ミックスを実現するためのマネジメント」としている。これにより，マーケティングの企業全体での位置付けを示すことが可能になる。

第1章　データマイニング導入の背景：経営手法の変化

図表1－5　経営戦略，競争戦略，マーケティング管理

(出所：喜田，2010)

　本節では，データマイニングの導入の背景としてどのように経営手法が変化してきたかを明らかにするために，まず経営戦略論の基礎的な知識が必要となり，しかもどのように経営手法が変化してきたかを明らかにするためのスタートポイントとして，経営戦略，競争戦略，マーケティング管理などの基礎的議論を説明してきた。最後に，経営戦略，競争戦略，マーケティング管理の関係を図示すると，図表1－5になる。なお，これらは一貫性を持つように構成される。

　これをスタートポイントとして以下では，情報化によってどのように変化してきたのか，を明らかにすることにしよう。

II　情報化の推進によるビジネス・システムの変化

　伊丹・加護野（1989）によると，ビジネス・システムの変化は次のような要因によって起こるとされる[4]。
　①製品技術・生産技術（製品やサービスを開発，生産加工する技術）の変化
　②交通技術（人の移動や物の輸送の技術）の変化
　③情報伝達・処理技術（情報を伝達したり，処理したりするための技術）の変化
　④取引・組織技術（商取引を制御し，人々の共同を促進するための技術）の変化
　⑤社会構造や生活習慣の変化

①から④までは,供給側の要因であり,⑤は需要側の要因である。

ビジネス・システムの変化はこれらの要因によって起こるが,これらの変化が起これば自動的に新たなビジネス・システムが生み出されるのではない。この変化をうまく取り込んだビジネス・システムを構築する企業家の存在が大きいのである。

1990年代以降,IT化,情報化が進みインターネット社会が到来した。インターネット社会では,大量の情報が流通し,情報探索コストが低下し,情報利用が促進されている。その上でネットワークの特性から,地域的に限定されることなく,より国際的なビジネスの展開を見せている。このようなビジネスでのインターネットの利用(インターネットビジネスの普及)は,既存のビジネス・システムに変更を促したのである。この点を前述の伊丹・加護野(1986)でのビジネス・システムの変化要因を関連づけると以下のよ

変化要因	情報化ビジネスと関連づける	インターネットビジネス・ロングテールビジネスの概念(第9章詳説)
製品技術・生産技術の変化	コンピューター技術による生産技術の開発(ソフト産業)	生産技術の民主化
交通技術の変化	宅配産業の発達	商圏の拡大
情報伝達・処理技術の変化	インターネットの普及 検索技術の進化	フィルタの進化 フィルタとは,商品及びサービスの検索を手助けする企業であり,グーグル等が挙げられる
取引・組織技術	電子商取引・インターネット決済の普及	インターネット販売の促進,アマゾン,楽天等の発展
社会構造や生活習慣の変化	インターネット及びコンピューターの普及	自らのニーズに応じた商品を検索できるようになったことによって,より消費の個人化と嗜好の多様化を生み出した。

図表1-6　情報化社会とインターネットビジネス

(出所:喜田,2010)

第1章　データマイニング導入の背景：経営手法の変化

既存のビジネス・システム

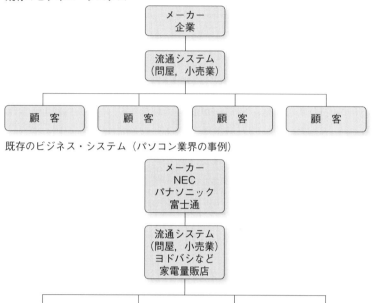

情報化社会のビジネス・システム

情報化社会のビジネス・システム（パソコン業界の事例）

図表1－7　既存のビジネス・システムから情報化時代のビジネス・システム

（出所：喜田，2010）

Ⅱ　情報化の推進によるビジネス・システムの変化

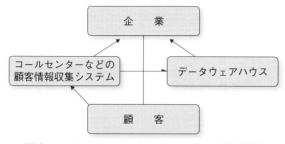

図表1－8　インターネットビジネスの構成要素
(出所：喜田，2010)

うになる（図表1－6）。

　図表1－6のように，各技術の変化に応じて，ビジネス・システムの変化が見られる。その上で，このような技術変化が引き起こしたビジネス・システムの変化は図表1－6にまとめることができる。既存のビジネス・システムと情報化時代のビジネス・システムの比較という形をとる（図表1－7）。情報技術とビジネス・システムの関係については，井上（1998），平本（2007）を参照されたい。このようなビジネス・システムの変化を用いた代表的企業としてデル・コンピューター社がある。デル・コンピューター社は，ある特定顧客に注目するようなビジネス・システムを構築しているとされている（岸本，2004）。

　今までの流通システム（ビジネス・システム）は，問屋，小売店を中心とする流通システムを通じて，顧客情報（市場情報）を収集し，集約する流通システムであり，メーカーが直接顧客情報を収集する仕組みではなかった。しかし，情報化以降では，メーカーと顧客との関係は相対取引（one to one）へ変化し，顧客への個別対応（顧客関係管理の重要性）が必要となった。つまり，顧客情報を収集し，集約する機能を各メーカーが持つ必要があるということである。この点を受けて，マーケティングの領域で，ナレッジ・マネジメント，特に，データマイニングの重要性が高まったのである。このようにインターネットを用いたメーカーと消費者との関係において次の

第1章　データマイニング導入の背景：経営手法の変化

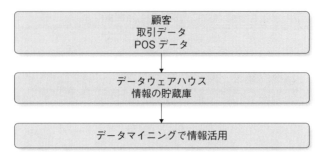

図表1－9　インターネットビジネスでのデータの流れ
(出所：喜田，2010)

仕組みが必要となる（図表1－8）。

　顧客情報と取引データを収集する情報システム，代表的なものにコールセンターなどがある。そこに収集された情報（データ）はデータウェアハウスの中に蓄積される。その蓄積された情報はどのように処理されるのか，といえば，図表1－9になる[5]。

　このような情報化の進展によるビジネス・システムの変化とともにマーケティング領域において，消費の個人化（嗜好の多様化）に対応するマーケティング手法の変化が，データマイニングの活用・導入に大きな影響を与えることになる。

III　データマイニング導入の背景としてのマーケティング手法の変化

　以上のように情報化が進むにつれ，企業と顧客との関係が，マスから相対（ワン・ツー・ワン）への変化していくことになった。この点は，企業と顧客・市場との関係を重視するマーケティング領域でのその手法が変化していることと関連する[6]。そこで，ここでは，マーケティング手法の変遷を見ることで，データマイニング導入の背景である手法の変化を明らかにすることにしよう。

Ⅲ　データマイニング導入の背景としてのマーケティング手法の変化

1）マス・マーケティング

　マス・マーケティングは「すべての人を対象として同じ製品を生産し，あらゆる店舗で販売し，幅広く広告宣伝を行い，共通の利益を創出する」というものである。広く一般的な消費財（生活必需品）を販売するビジネスにおいては古くから用いられてきた手法であり，比較的コストが安いというメリットがある。このような場合，顧客の嗜好が均一であることが前提条件になる。日本においては，1960年代に最も成功し，いわゆる大量生産・大量消費時代のマーケティング手法といえる。

2）ターゲット・マーケティング

　顧客の嗜好の多様化に応じて，顔の見えないマスから，ある特定のグループにターゲットを絞り込んだターゲット・マーケティングに変更していくことになる。ターゲット・マーケティングとは，嗜好の多様化した市場に対応するためのマーケティング手法である。そのために，市場全体を細かく細分化し，その中で1つまたはいくつかのターゲットセグメントを絞り，自社の製品を位置づけていく。そこでは，3つのプロセスがある。第1は，市場細分化（セグメンテーション）である。本書で説明するデータマイニングは特にこのプロセスに有効である。第2は，ターゲット市場（セグメント）を選択することである。これは，ターゲット・マーケティングの重要なプロセスである。第3は，商品のポジショニングである。この段階では，自社の商品を競合品との関係で位置付け（ポジショニング）を明確にする。通常，自社製品が圧倒的に競争優位を確立できるところ，他社製品が全くないところ（競争状態にない）にポジショニングをすることになる。

　以上の2つのマーケティング手法はどちらかというと，商品・製品を起点においている。しかし，消費の個人化及び嗜好の多様化はマーケティング手法に『顧客起点』の考え方を定着させる必要がある。そこで生み出されてきたのが，相対取引を強調するワン・ツー・ワン・マーケティングであり，優良顧客との関係を重視する顧客関係管理を意識したリレーションシップ・

マーケティングである。

3）ワン・ツー・ワン・マーケティング

これは，マーケティングの対象を市場ではなく顧客とし，顧客一人一人のニーズに対して個別に対応していくマーケティング手法である。顧客を大きな塊としてとらえるマス・マーケティングとは対照的であり，次のように比較することができる（図表1－10）。

このようなマーケティングを可能にするのは，顧客一人一人のプロファイル（顧客属性）と取引履歴データを取得可能になったことである。その上で，そこで得たデータを分析する必要があり，データマイニングの導入を引き起こすことになるのである。また，この点について重要な概念がある。それは，市場シェアと顧客シェアである。前者は市場においてどの程度自社製品の売上高が占めるのか，を示しているが，後者は顧客をどの程度獲得しているのか，である。顧客シェアを重視するようになったのは自社の全顧客の20%が売上高の80%を占めるという経験則に基づいているためである。ま

マス・マーケティング	ワン・ツー・ワン・マーケティング
平均的顧客	個別顧客
顧客の匿名性	顧客プロファイル・顧客属性重視：個別化
標準的製品，既製品	カスタマイズ商品，注文品
大量生産・大量流通	カスタマイズ生産・個別販売
マス広告	個別メッセージ
一方向メッセージ	双方向メッセージ
規模の経済性	範囲の経済性
市場シェア	顧客シェア
全顧客	収益性の高い顧客
顧客誘引（新規開拓）	顧客維持・顧客関係重視

図表1－10　マスとワン・ツー・ワンの比較

（Kotler & Keller, 2006, 翻訳 p.193, 図表5－1加筆修正）

た，Anderson（2009）にみられるように，最近インターネットビジネスを中心に，「無料」と「有料」をどのように組み合わせるのかが重視されるようになってきている。この点は，売上高という指標では，自社のビジネスを把握できないようなことが起きているとも考えられる。それ故，後者の顧客シェアを重視することにもつながっていくのである。

マス・マーケティングでは前者に注目し，ワン・ツー・ワン・マーケティングでは後者に注目している。このマーケティング手法の顕著な例が，第9章で示すロングテールビジネスである。ロングテールビジネスでは，顧客の消費へのニーズを気づかせるという側面が重視され，優良顧客以外の顧客への気付きを中心とする。

4）リレーションシップ・マーケティング

顧客志向の代表的なマーケティング手法がリレーションシップ・マーケティングである。

リレーションシップ・マーケティングとは，既存顧客との関係を深め，さらに維持・進行していこうとするマネジメント手法（顧客関係管理）を実践するためのマーケティング手法である。リレーションシップ・マーケティングでは，顧客との親密で良好な関係を築き，既存の顧客を十分に活用しようとする。例えば，リピーター（常連客）を開発することが基礎となる。そのために，顧客を「ライフタイム・バリュー（顧客生涯価値）」という視点でとらえようとする。ライフタイム・バリュー（顧客生涯価値）とは「顧客の生涯にわたる購買活動に期待できる将来の利益の流れを現在価値で表したもの」である[7]。

このようなマーケティング手法では，キャンペーンをどのように管理（キャンペーンマネジメント）するのかが重要になってくる。キャンペーンマネジメントとは「施策を実行した後の反応（レスポンス）や成約率などの効果的測定を行い，その結果を基に次回のさらなる施策につなげていく活動」と定義できる。企業が行うキャンペーンはダイレクトメールを通じて行

われることが多い。そこで，第7章では，ダイレクトメールに反応する顧客を予測する事例がキャンペーンマネジメントの事例として挙げることができよう。

5）データベース・マーケティング

　以上の2つのマーケティング手法は，共に顧客の基本的プロファイル情報（顧客情報）と購買履歴などの行動履歴が保存されるデータウェアハウスとそれを分析するデータマイニングを必要とすることになる。このような流れの中で生まれてきたマーケティング手法がデータベース・マーケティングである[8]。

　データベース・マーケティングは，顧客との接触や取引，そして顧客関係構築を目的として，顧客データベースやそのほかのデータベース（製品，供給業者に関するもの，など）を構築し，メンテナンスし，活用するプロセスである（Kotler & Keller, 2006）。それ故，本書で説明するデータマイニングの活用法の一部はこれに属すると考えられる。また，データベース・マーケティングでは，図表1－7で示したような中間業者（流通システム）の排除が重視されている（江尻, 2000）。その上で，江尻（1998）では，小売業でのデータベース・マーケティングの利用を示唆している。これにより，マーケティング部門を持つような大企業だけではなく，中小・零細企業，個人商店においてもデータマイニングを用いる可能性を示唆していると考えられる。なぜなら，顧客データベースさえ構築できればデータマイニングは店舗レベル，中小，個人商店（個人事業主）レベルでも利用できるからである。そこで，本書では，このような動き，大企業のみのデータマイニングではなく，中小・零細企業・個人商店でのデータマイニングも想定・利用可能なことを考慮に入れて，第8章以降では店舗レベルでの事例を中心としていることを示唆しておくことにしよう。

　そして，データベース・マーケティングは，現在注目を集めているデータドリブン・マーケティングの源流である，ということを注記しておくことに

	前　　提	経営戦略論	マーケティング論
導入以前	製品起点	商品・サービスの差別化	マス・マーケティング（平均的顧客を相手に
導入以後	顧客起点	ビジネス・システムの差別化	ワン・ツー・ワン・マーケティング（個別顧客）

図表 1 − 11　導入以前と導入以後での経営戦略論とマーケティング論

しよう（Jeffery, 2010）。

　以上のようにマーケティング手法は，製品起点のマーケティング手法（マス・マーケティング及びターゲット・マーケティング）から顧客起点のマーケティング手法（ワン・ツー・ワン・マーケティング及びリレーションシップ・マーケティング）へ変化している。両者とも顧客情報取得及び分析が重要である点から，データマイニング導入につながり，最終的には，データベース・マーケティングという，データマイニングとデータベース（データウェアハウス）を用いることを想定したマーケティング手法へと変化しているのである。このような動きがデータマイニング導入の背景となっている。

　このように，経営戦略論及びマーケティング論での導入背景を説明してきた。それを導入以前と導入以後でまとめると図表 1 − 11 になる。

Ⅳ　初期のナレッジ・マネジメントから情報技術を用いるナレッジ・マネジメントへ

　以上のように，経営学（特に，経営戦略論）での背景からデータマイニングは導入されてきた。その一方で，経営学もしくは企業経営で知識を重視するということから，知識発見の手法であるデータマイニングへのアプローチもある。

　経営学では，競争優位及びイノベーションの源泉となる知識や情報につい

て数多く研究されてきた（加護野，1998;2011，野中，1990：野中・竹内，1996）。言い換えると，経営のキーワードとして知識，情報などを挙げる研究がまず多くあり，その傾向はいまだに変わっていないどころか，最近のデータ・サイエンスの議論などにより進化している。この点については次章で説明することにしよう。

　経営学においてその問題をより深く扱ってきたのがナレッジ・マネジメント論である。そのナレッジ・マネジメントも大きく2つに分かれる。1つは，初期のナレッジ・マネジメントであり，もう1つは，情報技術を用いたナレッジ・マネジメントである。

　つまり，ここでは，データマイニングを知識発見手法としてとらえ，ナレッジ・マネジメントの領域の中で位置づけることにしよう。また，それを通じて，最近のデータ・サイエンスをナレッジ・マネジメントと関連づけることを目的としている。

1）初期のナレッジ・マネジメント：知識共有のナレッジ・マネジメント

　ナレッジ・マネジメントは「知識管理」と訳され，競争優位の確立を目的に企業内の知識もしくは従業員の知識を管理することである。現在のナレッジ・マネジメントは，①知識共有と知識発見，②情報技術を用いる，用いない，③形式知を中心とする，暗黙知を中心とする等の分類軸があるが，数多くの手法を生み出している。

　このような現在のナレッジ・マネジメントは知識共有を中心とする初期のナレッジ・マネジメントからスタートした。

　初期のナレッジ・マネジメントの実務的意義は2つ挙げられる。1つは，企業が成長するためには企業の中で，新商品開発という知識を作るプロセスを埋め込む必要があり，その視点を提示していることである。しかし，新商品開発は，企業内での個人の発明を軸とするような個人が大きな役割を果たすとされる。特に欧米企業での商品開発では個人の知識創造が個人のまま，

さらに言うなら，組織の中に埋め込まれることがほとんどない。しかも，個人に知識創造を頼っていると，企業内で組織的，継続的な知識創造が行えないことになる。その問題点をどのように解決するのかを野中（1990）は日本企業での商品開発を見てみることで解決しようとしている。日本企業の商品開発では，個人が暗黙知を用いて知識発見を行い，それが共有化されることを通じて，組織内（企業内）に普及し，商品化されるとしている。これは，企業内の個人的な活動である知識創造を組織の中に埋め込むということを可能にすると考えられる。もう1つは，欧米企業では従業員のキャリア形成の上で転職することが重視されることと関連する。知識創造を行えるような有能な社員もしくは企業において重要な知識を持っている社員は他の企業に引き抜かれる可能性があるということである。そうすると，企業の中の知識が維持できないことになり，企業内の知識を管理する手法であるナレッジ・マネジメントが生み出されたのである。そこでの実務的な理由は企業内で従業員の知識を共有化し，組織内で知識を維持するということである。それ故，初期のナレッジ・マネジメントを学習することは，企業内での知識の共有化に実務的な理由があるといえる。

　ナレッジ・マネジメントは，1990年代初めの野中の「知識創造企業」や加護野の「組織認識論」の論旨のうちにその源流を持っている。両者は，企業の動態的側面（組織革新，組織変動）及び環境に対する主体的側面を重視する組織論を提示した。この両者は，興味深いことにともに企業の「認知的」，「知識」に関心を持つことについては共通しており，その認知的変化，知識創造が組織革新・組織変動に影響するということを示している。このような理論的な議論は認知的組織科学の領域でより詳しく議論されている。このように，企業の知識の面を重視するという経営学が日本の研究者を中心に世界に発信されることになる。

　その代表的な議論がSECIモデルである（野中・竹内，1996）。彼らは，知識には，「暗黙知」と「形式知」が存在し，その相互作用が知識の創造に大きな影響を持つとし，「SECIモデル：組織的知識創造モデル」を提示し

図表1-12　SECIモデル

(出所：野中・竹内，1996)

ている。そこでは，暗黙知→形式知の変換には，4つのモードが存在するとされる。第1のモードは，暗黙知と暗黙知を結ぶ「共同化」である。第2のモードは，暗黙知を形式知に変換する「表出化」である。第3のモードは，形式知と形式知を結ぶ「連結化」である。第4のモードは，形式知を暗黙知に変換する「内面化」である。知識変換の4つのモードは独立的に行われるのではなく，スパイラルに作用し合うことによって知の増幅をもたらす。組織的知識創造では，知識変換の4つのモードの間のスパイラル運動は個人から組織へ，さらに顧客や他の組織を巻き込みながら展開される。そのモデルが，組織的知識創造のプロセスモデルである。図表1-12で示される。

そこで強調されるのが，個人的知識である暗黙知をどのように組織的な知識として共有化するのか，という点であり，初期のナレッジ・マネジメントにおいては，知識共有を重視する議論が多い。また，このような知識共有を重視するものとして，コミュニティー・オブ・プラクティス（実践共同体）に関する議論がある。このような初期のナレッジ・マネジメントに関する議論はナレッジ・マネジメントにおける情報技術の利用に関してある種の疑念を持つという特徴がある。

ただし，1つ注意する点がある。それは，日本企業は「人の管理」を行うことでナレッジ・マネジメントが可能になった一方で，欧米系企業は「人の管理」では結局ナレッジ・マネジメントが行えず，情報技術をベース，もっと言うと，業務及びビジネスのインフラにしたことである。そして，この点が次で述べる情報技術を用いたナレッジ・マネジメントにおいて欧米系企業が優位に立つ理由となり，その傾向は現在も変わっていない。

2）情報技術を用いたナレッジ・マネジメント：知識共有から知識発見へ

初期のナレッジ・マネジメントではナレッジ・マネジメントにおいての情報技術の利用に関してある種の疑念を持つという特徴があることを指摘した。しかし，欧米企業での事例を見てみると，多くの企業が情報技術を用いることで，組織革新・利益率等の点で効果を発揮している。また，初期のナレッジ・マネジメントは個人的知識である暗黙知に注目するのに対して，情報技術を用いるナレッジ・マネジメントでは大量にある形式知（情報，データ）に注目する。

情報技術を用いたナレッジ・マネジメントの代表的な手法がデータマイニングである。データマイニングは企業成長や経営戦略策定の基礎となる知識発見の手法として実務界に導入された。データマイニングとは，パターン認識などさまざまな解析の技法を大量のデータに使うことで有用な情報を取り出す技術である。データマイニングを導入し成功している企業として，アマゾン，ネットフリックス，グーグルなどが挙げられる。このような企業のほか，金融機関，通信業界，会員制のサービス産業でもデータマイニングの手法は用いられている。そこで，業界別のデータマイニングの実務的な意義，利用法について説明しておく。詳しくは第6章から第9章までを参照されたい。

アマゾン等の小売業では顧客の取引情報のデータを用いて，マーケットセグメンテーション（＝顧客分類）を実際の購買活動から行う。これの実務的

な意義は既存のマーケティング手法での個人特性によるセグメンテーションの問題点を解決することである。例えば，現在のように消費の個人化，嗜好の多様化が進むと，セグメンテーション内でニーズが分かりにくい傾向が強くなる。個人属性とニーズの関係があいまいであるために，企業はどこにお客がいるのか分からない状況に陥る可能性がある。実際の購買活動からのセグメンテーションであれば，このような問題点を解決することができる。また，マーケット・セグメンテーションは自社の戦略策定に重要な役割を果たすことはいうまでもない。他に代表的な用い方はおすすめ商品を選定する，もしくは併売活動に用いることである。これは，ある商品を買った顧客にその顧客自身が本来ニーズを持っていることを意識づけるために行われる。なぜこのような論点が出てきたかというと日本企業は新商品開発を重視し，それを推進してきた。しかしイノベーションが利益に結びつかないという問題点が出てきたのである。このように次々と生み出されてくる商品へのニーズの関心の方向性を明らかにできるのがデータマイニングの代表的な実務的意義である。また，キャンペーンに反応する顧客を予測し，その客に対してのみアクションをとることにもデータマイニングの実務的意義及び事例として挙げられている。

　次の金融業界であるが，もっと古くからデータマイニングを用いていたのがこの業界である。そこでは，株価予測，倒産予測，滞納者探知，不正検出，不良債権予測及び信用評価（与信枠設定），ポートフォリオマネジメント等の課題にデータマイニングを用いている。代表的なのが与信枠設定である。与信枠設定とは，顧客の取引データや個人属性から，いくらまでならお金を貸せるのか，をデータマイニングの手法を用いて予測するのである。これを基に金利を策定するのが金融業界での実務的な用い方である。

　最後に，会員制サービス業と通信業界では，当該企業にとって，顧客の離反（チャーン）は大きな経営課題となる。例えば，会員制サービス業では会員が途中解約することや通信業界の場合はある機能的に優れた機種が出現したために既存の顧客が違うキャリアに乗り換えること等が起こりうる。この

ような途中解約・離反しそうな顧客を先に予測し、その顧客に新たなサービスを提案し、「いかないで戦略」を立てることが重要になっている。離反しそうな顧客を予測するモデル（途中解約モデル）を構築するのがデータマイニングの実例として挙げられている。

このように情報技術を用いたナレッジ・マネジメントの実務的意義が顧客情報と取引データを基にした知識発見ということであり、それをどのような場面で用いることができるのか、について説明してきた。そして、これらの点が本書の基礎となっている。

3）情報技術を用いたナレッジ・マネジメントの基本的な考え方

情報技術（IT）化、コンピューター及びインターネットの普及が進むにつれ、情報技術を用いたナレッジ・マネジメントは、世界的な規模で注目され進化することになる。現在多くの企業でデータマイニングツールなどのナレッジ・マネジメントの手法を導入している。ナレッジ・マネジメントがどのように行われるかを簡単に言うと、次の2段階に分かれる。第1段階は、企業においてさまざまな知識を管理する貯蔵庫（データベース）を構築する。第2段階は貯蔵庫から有効な知識を発見する方法であるデータマイニングやテキストマイニングを行うことである。テキストマイニングとは、通常の自然文から、データマイニングを行うことである。この段階は「知識創造」及び「知識発見」を重視する。ここでの議論をまとめると図表1−13になる。

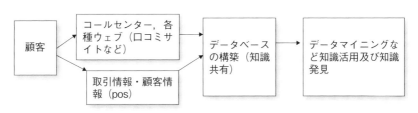

図表1−13　知識共有と知識発見

（出所：喜田, 2013）

第1章 データマイニング導入の背景：経営手法の変化

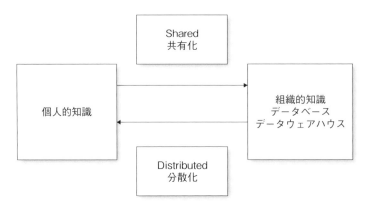

図表1－14　ナレッジ・マネジメントの方向性（共有化と分散化）
（出所：喜田，2013）

　これを情報技術的に言うと「知識共有」は「入力」であり，「知識発見」は「出力」である。それ故この両者はどちらが欠けても，ナレッジ・マネジメントして成立しない。この点を最近のナレッジ・マネジメントの議論からまとめると図表1－14のように整理できる。

　図表1－14から，共有化を促進するナレッジ・マネジメントとして，組織レベルでのデータベース（データウェアハウス，ドキュメント処理，グループウェアなど）の構築，またデータの質を管理するデータマネジメント等が挙げられる。また，分散化を促進するナレッジ・マネジメント手法として，ユビキタスネットワークやSNSなどのインターネット上のネットワークの構築，従業員によるデータマイニングの活用等が挙げられる。

　このように見ると，ナレッジ・マネジメント及びデータ・サイエンスの中で共有化は第3章で示すデータマイニングなどのデータ活用の前提条件であることが分かる。

競争優位とデータマイニング（分析力）

　前節では，経営手法及びマーケティング手法の変化や情報技術を基礎とするナレッジ・マネジメントの進行などによりデータマイニングの導入の背景になっていることを示した。しかし，このようなビジネス・システムの変化やマーケティング手法の変化のみでデータマイニングが重視されるようになったわけではない。2006年以降，企業経営においてデータ分析及び事実の重要性を示唆するような文献が数多く出版されていることもその背景となっている（Pfeffer&Sutton, 2006）。

　その代表的な議論がDavenport & Harris（2007）である。彼らは，企業がデータ分析に基づいて競争戦略を組み立てる傾向は今日では世界的な流れとなっており，事業データの収集力が飛躍的に強化されているとしている。具体的には，第5章で説明するデータウェアハウスの構築が進化したことなどである。その上で，各ベンダーによるその管理ソフトや分析ツール（データマイニングツール）の開発・進化やデータマネジメント手法の進化も関係している。

　ここで1つ説明が必要である。それは，データマイニングと彼の言う分析の関係である。分析は「データを多角的・多面的に活用して統計分析・定量分析を行い，説明モデル・予測モデルを作成し，事実に基づく意思決定・行動に結びつけるところまで意味する」としている[9]。それ故，本書で説明するデータマイニングは彼の言う分析に含まれることになる。そして，このような分析を行う力（分析力）が競争優位を確立する上での武器になるとしている。

　それではどのような企業が分析力を武器にして競争優位を確立しているのか，といえば次のような特徴を持っている[10]。①「わが社はこれでいく」という戦略上の強みが分析力をベースでしたものであること。本書で言うと第9章で説明するデータマイニングを用いたマーケット・セグメンテーショ

ンでいうターゲットの設定などが挙げられる。②データの管理・分析が全社で統合的・統一的に行われていること。これについては，第４章でのデータマネジメントの必要性と関連する。③経営幹部がデータを重視し，分析力（データマイニング）の活用に熱心であること。④分析力を競争優位にする戦略に社運をかけていること。等を挙げている。

　これらの特徴を持つ（分析力を武器とする）企業として，本書でも取り上げ，データマイニング活用企業としても名の挙がるグーグル，アマゾン，ネットフリックス，ウォルマートを筆頭に，ハラーズ，キャピタル・ワン等を挙げている[11]。その上で，彼らは分析力と業績の間の関係についての調査を行い，「分析力の優れた企業ほど過去五年間の成長率が高い」という分析結果を提示している。

　この分析結果は興味深いものであり，本書でデータマイニングの活用法を述べることを強力に支援していると考えられる。なぜなら，これほど明確にデータマイニングを中心とする分析力と企業業績との関係について示した研究がほとんどないためであり，この関係について疑念を持つ関係者が多くいるためである。その疑念への１つの回答が，彼らの書物での分析結果であり，もう１つは，分析力を武器とするまでに数多くの段階が存在することとそれぞれでロードマップが存在することが挙げられる。

　もっと言うと，上述の企業はまれな例である。これらの企業は，独自のデータマネジメントを行った上で，データマイニングなどの知識活用方法を構築した企業なのである。それ故，分析力，つまりデータマイニングの活用企業が競争優位性を持っており，その理由は大きく２つある。

　１つは，「まねができない」ことである。これは，同業他社と同じ方法で分析力・データマイニングの活用を行うことはできないことを示している。なぜまねができないかというと，「独自性がある」からである。データマイニング及び分析の基礎となる自社で収集するデータの種類や方向とデータマネジメント自身が自社の組織文化やビジネス・システムに大きな影響を受けるからである[12]。その上，データマネジメントは，第３章で説明するように

人材の問題でもある。それに向けた教育プログラムが必要である[13]。

　この2つの優位性及び課題が一般性を持ちにくいという意味でデータマイニングの有効性に疑念を持つ理由なのである。つまり，自社ではうまくいっていない，ということである。

　それでは，どのように自社を，分析力を持つデータマイニング活用企業にすることができるのかについて，1つの回答を提示することにしよう。それにはいくつかのチェックポイントがある[14]。第1は，自社の経営課題やビジネスの状況などを明確に理解しているか，ということであり，それが自社の仮説を生み出す基礎となる。第2は，その仮説を導き出すためのデータ作成が行われているのか，ということである。また，データマイニングを用いることを想定してデータ作成を行っているのか，というデータマネジメントに関連することである。第3は，正しいデータマイニングの手法を選択しているのか，という問題である。データマイニング，分析にはさまざまな手法があり，これを正しい方法で用いているのか，というチェックポイントである。第4は，データマイニングで見つけられた知識に対して，どのように評価し，どのように共有化するのか，また，経営手法として生かすのかという問題である。これについては，彼らも指摘しているが，トップマネジメントの支援が必要である。トップマネジメントが分析及びデータマイニングに対する信頼を持っていることが重要となる。

　このような課題及びチェックポイントを経てデータマイニング活用企業，競争優位に直結する分析力を武器にする企業となることができるのである。そこで，重要なのは，このような方法で競争優位を確立することは他社にまねができないことによって持続可能な競争優位なのであるということである。

おわりに

　本章では，どのような背景でデータマイニングが必要とされるのか，を説明してきた。情報化の推進によるビジネス・システムの変化と消費の個人化

によるマーケティング手法の変化がデータマイニング導入の背景である。最後に，データマイニングを中心とする企業でのデータ分析が競争優位と関連することを示した。この点は，データマイニングが競争戦略の一部として機能しているということを示しており，本書で提示する位置付けを支持していると考えられる。

以下の流れとして，第4章では，データマイニングを起点として，どのような活用領域があるのかを説明する。第6章以降では，活用領域及び経営課題に即して具体的にデータを用いてデータマイニングの利用法について説明することにしよう。

▌注

1 経営学及び経営戦略論については石井・奥村・加護野・野中（1985），伊丹・加護野（1989），Barney（2002），加護野・吉村編（2006），坂下（2007），沼上（2009），Hitt, Ireland & E.Hoskisson（2012）等を参照されたい。また，マーケティング論については，石井・栗木・嶋口・余田（2004）＝石井他（2004），Kotler & Keller（2006），沼上（2008）を参照されたい。
2 そのほかの経営戦略の立場については，Mintzberg, Ahlstrand & Lampel（1998）を参照されたい。
3 この点については，Porter（1985），Barney（2002）等を参照されたい。
4 伊丹・加護野(1989) p.74 より。
5 この図表をより進化させたのが図表1－13である。
6 本節については，Kotler & Keller（2006），BIソリューション総覧編集委員会（2009），Jeffery（2010）等を基礎とした。
7 Kotler & Keller（2006）を参照されたい。
8 データベース・マーケティングについては，原田（1999）を参照されたい。
9 Davenport & Harris（2007）p.22 より。
10 Davenport & Harris（2007）の第2章を参照されたい。なお，分析力を武器にしている企業のリストは，p.23の表1－1を参照されたい。
11 データマイニングを活用している企業としては，Anderson（2006）を参照されたい。
12 データウェアハウスやデータマネジメントをナレッジ・マネジメントシステムの導入と考えると，ナレッジ・マネジメントシステムの導入及び利用と組織文化，ビジネス・システムの関係を示唆する調査結果がMaier（2002）などで提示されている。その上で，ナレッジ・マネジメントの研究として重要であると考えられている。なお，これらの点は，石倉他（2016）に応用されている。
13 データマネジメントの一部として人材開発，特に情報リテラシーの開発などが重要な点として挙げられている。これはジュアス研究会でも議論されている。
14 これらのチェックポイントは第2章でデータマイニングの台本（CRISP_DM）の基礎となっている。

第2章

データマイニング入門：
データ・サイエンスの中で

> **キーワード**
> データマイニング，データ・サイエンス，顧客情報，取引データ，
> CRISP_DM，戦略立案，戦略分析，顧客分析

はじめに

　本章では，データマイニングの概説について説明した後，最近のデータ・サイエンスの議論を紹介し，その中で，本書がどのように位置づけられるのか，などについて説明する。次に，データマイニングにはデータが必要である。そのデータの種類や最近のビッグ・データについての議論を参考に，ビッグ・データとの関係について説明することにしよう。なお，より具体的なデータ作成（分析用データの作成）については，第3章で説明する。

　その上で，これらのデータをデータマイニングするのであるが，それにはある種の台本が必要である。なぜなら，データマイニング自身を誰でもできるように標準化する必要性があるためである。これは，Redman（2008）が指摘するように，データマイニングは専門家の仕事であるとすることと関連する。確かにより詳しいデータマイニングを行うには，数学的知識やアルゴリズムの構造などについての知識が必要である。

　しかし，本書が目標とする，一般的に導入する，経営層や管理部門及び業務部門がデータマイニングをまず行うにはどのようなプロセスで行うのか，

を明らかにすることが必要かつ重要である。それがここでいう台本なのである。最後に，前述したようにデータマイニングはデータ分析を通じて競争戦略の立案（戦略策定）と関連する。ここでは，データマイニングと戦略的分析の関係を明らかにすることによって，よりデータ分析及びデータマイニングと経営戦略論（特に，戦略策定）との関係を示すことにしよう。

I　データマイニングとは

　データマイニングを考える際に，データ分析との関係を知る必要がある。Davenport & Harris（2007）では，データマイニングとデータ分析との関係においては含まれる関係であり，それほど明確に区別されていない。しかし，Redman（2008）においては，次のように区別している。データマイニングはデータの中から隠れた重要な知識を見つけ出すためのツールと手法である，としている。この定義は後述する定義に近い。また，データ分析は，後述する戦略的分析に近く，データを準備し，マイニングし，得られた洞察（アイデア）を社内あるいは市場で活用する総合的プロセスである，としている[1]。

　そこで，データマイニング（data mining）という言葉をみると，大量のデータから，役に立つ情報や知識をマイニング（掘る，採掘する）ということである。データマイニングとは，一般的な用語で，データ内の情報や意思決定に使用される知識を特定するために使用されるさまざまな手法のことを指す。その他の定義については，矢田（2004）等を参照されたい。データマイニングで使用される手法の多くは，マシンラーニングあるいはモデリングと呼ばれており，データ分析で中心となる統計学的な手法と一線を画している。この点が戦略的分析及びデータ分析との大きな違いの1つである。なぜなら，戦略的分析及びデータ分析では統計学的な手法を中心とするためである。データマイニングは，過去のデータがモデルを生成するのに使用さ

れ，これらのモデルは，後で予測，評価，意思決定などの分野で利用されている。そして，これらの機能については，第5章で説明するが，「予測」，「判別」，「分類」，「関連付け」の4つの機能があり，特に，予測モデル構築という側面から明らかであるが，どちらかというと未来志向の側面を持つことが特徴である。この点を最も良く示しているのが，最近の時系列データに対するマイニングの有効性である（Mitsa, 2010）。また，最新の動向も含めて，データマイニングについては，Berry & Linoff（1997），Larose（2004），Tan, Steinbach & Kumar（2006 ; 2013），喜田（2010），Linoff & Berry（2011ab），Davenport & Kim（2013），Provost & Fawcett（2013），Zaki & Wagner（2014），Wendler & Gröttrup（2016），Buttrey & Whitaker（2017）等を参照されたい。

　このようなデータマイニングは最近のデータ・サイエンスの中で最も主要な手法の1つである。その手法をデータ・サイエンスの視点の中で整理することを目的に，ここではデータ・サイエンスについて説明することにしよう。

　データ・サイエンスは，データの利活用を行うための諸領域であり，図表2－1が示すような領域を持っている。なお，データ・サイエンスについては，Provost & Fawcett（2013），Davenport & Kim（2013），Nettleton（2014），Zaki & Wagner（2014），Buttrey & Whitaker（2017）などを参照されたい。

　データ・サイエンスは次の5つの領域を持っている。なお，特に関連する

図表2－1　データ・サイエンスの領域

領域が次の4つである。第1は，分析用データを作成する領域であり，ここにはデータクリーニングの議論が含まれる。第2は，データビジュアライゼーションの領域であり，データ全体を把握する。グラフ化セオリーなどが含まれる。第3は，統計的分析の領域であり，既存の統計学の議論が中心となっている。そして，最後が，モデリングの領域であり，機械学習や，モデリングに用いる各種アルゴリズムの議論，そして，最近では，人工知能の議論がここに含まれる。それらがそれぞれで議論が進められている（図表2－1）。

データマネジメントの領域は，現在，データ・サイエンスの領域と明確に区別されていない。しかし，データ・サイエンスを行うには，データマネジメントが大きく影響する。そこで，本書では，データ・サイエンスの領域として，密接な関係を持つトピックとして，データ分析基盤の構築，データ分析ニーズの把握，分析ニーズに合わせたデータ構築などを挙げる。より詳しくは，喜田・日本情報システム・ユーザー協会（2018）を参照されたい。この領域は，データマイニングなどデータ活用の前提条件としてとらえられ，本書第3章でより詳しく見てみることにしよう。

そこで，データ・サイエンスとデータマイニングの関係を示したのが，図表2－2である。

このように，本書では，データマイニングをデータ・サイエンスの中で位

データ・サイエンスの領域	データマイニング（本書の内容）
データマネジメント	第3章
1)「分析用データを作る」	第2，3章，テキストマイニングに関しては，第10章
2)「VISUALIZATION（可視化，もしくはデータ表現）」	第3章，第6章から第9章の一部
3) ANALYSIS（分析）	第6章から第9章の一部
4) PREDICITIVE ANALYSIS（MODELING）	第5章，第6章から第9章

図表2－2　データ・サイエンスの中でのデータマイニング（本書の内容）

I　データマイニングとは

	データマイニングおよびテキストマイニング	データ分析	現状or未来	IBMのツール
VISUALIZATION（可視化）	○	○	現状分析	Text Analytics for Surveys のみ Text Mining for Clementine ＋Clementine OR modeler（グラフ機能）
ANALYSIS（分析）	○	○	現状分析	Text Analytics for Surveys Text Mining for Clementine ＋Base
Predictive analytics	○	×	未来予測	Text Analytics for Surveys Text Mining for Clementine ＋Clementine OR modeler（モデリング機能）

図表2－3　データ分析とデータマイニングの関係

置づけ，各関係領域での議論を紹介することにしよう。

ただし，この領域区分の中で議論・検討が必要なのが，前述したようにデータ分析とモデリングの関係である。その点をツールとの関係でまとめると，図表2－3になる。

以上のように，データ・サイエンスでのデータマイニングの位置付けを行ってきた。

次に，実務界でのデータ活用での位置付け・区別を明確にすることにしよう。企業がデータを利活用するには2つの種類がある（図表2－4）。1つは，売り上げの集計などの日常利用であり，携帯端末のダッシュボードに表示するための活用である。もう1つは，本書でのデータマイニングを用いる可能性が高いのは，「分析（プロジェクト型）」である。この点が，第3

図表2－4　データ利活用とデータマイニング

章で説明する「分析用」データの作成に関連するのである。つまり、日常業務用のデータとデータマイニングで用いるデータには大きな区別があるということである[2]。

II データマイニングに用いられる情報（顧客情報と取引データ）とビッグ・データ

データマイニングを行うには、大きく2つの種類のデータが必要である。

1つは、顧客情報（プロファイル）であり、そこでは、性別、年齢、職業、住所（電話番号、郵便番号）、年収、婚姻状況などの人口学的な特性に関する情報が基礎となる。その上で、ビジネス（当該企業）との関連する情報も顧客情報の一部として組み入れられる[3]。金融機関であると、資産状況、預貯金額、貸し出しなどの取引履歴、等が組み入れられる。小売業であると、その商品のリピーターであるかどうか、キャンペーン、ダイレクトメール（DM）に反応しているかどうか、1回の購入金額の平均金額等のRFM分析の基礎となる情報が重要な顧客情報となるであろう。通信業界であると、遠距離電話、国際電話など利用状況に関する情報などが重要になると考えられる。

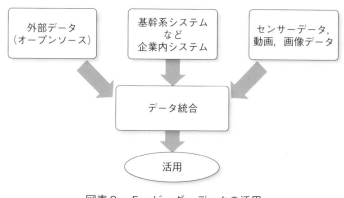

図表2-5　ビッグ・データの活用

Ⅱ　データマイニングに用いられる情報（顧客情報と取引データ）とビッグ・データ

　もう1つは，1回の取引に関するデータである。これは，小売業であると，POSデータが代表的なデータであり，それには，いつ買ったのか（日時，曜日），何を買ったのか，購入金額の合計，等が含まれる。金融機関であると，口座取引である入出金データなどがそれに当たる。

　このように，今までは，業内のシステム内にあるデータのみでデータマイニングが行われてきたが，最近のビッグ・データやデータ・サイエンスの議論などから図表2－5のように，外部データと組み合わせられてきている。

　そこで，簡単にビッグ・データについて説明することにしよう（Erl, Khattak & Buhler, 2015）。ビッグ・データは①サンプル数が多い。②変数の種類が多い。いわゆる多様である。③刷新スピードが速い。の3つの特性を持ったデータである。ビッグ・データについてはいまだ議論が続いているが，基本的にこの3つの特性を持っている。そして，経営戦略策定などの視点から言うと，ここでいうビッグ・データは基本的に企業外部データで

データソース及びデータの種類	企業内・企業外	通常	ビッグ・データ	例
基幹系システム	内	○		トランザクションデータ
CRM及びSCM	内	○		顧客データ
テキストデータ	内	○		営業日誌など
テキストデータ	外		○	有価証券報告書等の各種公表資料 口コミなどのSNSデータ
公共機関などのオープンソースデータ	外		○	法人統計などの経済・経営データ グーグルマップ 天候情報
各種データマートのデータ	外		○	金融市場，労働市場に関するデータ
センサーデータ	内・外		○	生産設備の動向データ
画像，動画，音声データ	内・外		○	各種ビデオ動画会議データなど

図表2－6　ビジネスで用いることができるデータ

あり，オープンソース化が必要である。これらの点から，企業内でのデータマイニングに用いることができるデータを示すと図表2－6になる。

　以上のように，各企業は膨大なデータを収集し，蓄積することになる。このように蓄積されたデータに対して，各企業はデータマイニングを行うことになる。

　しかし，データマイニングを実行するには多くの課題が残っている。その課題を解決する枠組みがデータマイニングの台本であり，その代表的な台本として，CRISP_DM がある。

III　データマイニング（データ・サイエンス）の台本としての CRISP_DM

　データマイニング及びデータ・サイエンスは計画されて体系的な方法で実行された場合により効果的になる（Larose, 2004；喜田, 2010；Wendler & Gröttrup, 2016）。

- 解決したい問題は何か？→課題の構築
- どのようなデータソースが使用できるのか？→データへのアクセスの問題
- データのどの部分が扱っている問題に関連しているのか？
- どのような前処理とデータの整理が必要なのか？→データクリーニング
- どのデータマイニング手法を使用するか？→どのアルゴリズムを使うのか。
- データマイニングでの分析結果をどのように評価するのか？→評価基準（機能的，正しさ）
- データマイニングから最大限の情報及び成果を得るにはどうしたらよいのか？

　一般的にデータマイニング及びデータ・サイエンスの過程はすぐに複雑になってしまう。複雑なビジネス上の問題，複数のデータソース，データソー

スにおけるデータの質のばらつき，複数のデータマイニングの手法の併用法，データマイニング結果のさまざまな評価法など，考慮すべき点は多々ある。

　これらの問題を適切に扱っていくには，データマイニング及びデータ・サイエンス用に特別に定義されたプロセスモデルが役立つ。このようなモデルは，上述のような重要な問題点をどのように扱ったらよいのか，その指針を示し，重要なポイントが見過ごされないようにする。これはデータマイニングの目的地までの地図のような役割を果たし，複雑なデータを扱っている際でも，道に迷わないようにしてくれる。言い換えると，データマイニングにはある種の台本が必要である。その台本を提示しているのが，次に挙げるCRISP_DMというモデルである。

　データマイニングツールで推奨するデータマイニングプロセスモデルは，CRISP_DM（Cross－Industry Standard Process for Data Mining）である（図表２－７）。CRISP_DMは1996年に，クライスラー社，SPSS社，NCR社を代表する研究者により発展させられた（Larose, 2004）。名前からもわかるように，このモデルはさまざまな業種やビジネスにおいて使用することができる一般的なモデルとして考案されているCRISP_DMには，データマイニングの主要な課題を扱う６つの段階があり，循環的，適応的な過程を構成している（Larose, 2004；喜田, 2010；Provost & Fawcett, 2013；Wendler & Gröttrup, 2016）。

Phase1：【ビジネスの理解】

　ビジネス上の問題点をはっきり理解し，プロジェクト目標を設定する段階。アカデミックで言うと，研究テーマ・研究課題を構築する。一言で言うと「何を知りたいのか」を明らかにすることである。

　A；マイニングプロジェクトの目標及び要件を組織全体及びリサーチ部門に明らかにする。

　B；このような目標をデータマイニングの問題定義の形式に置き換える。

　C；このような目標を達成するためのマイニング戦略を準備する。

Phase2：【データの理解】

使用するデータが本当に利用できるかどうかを把握する段階。

A；データ収集。

B；記述統計を用いて，データへの理解を深め，内在する洞察（パターン）を発見する。

C；データの質を評価する。欠損値の存在，もしくは分布の調査を行う。

D；もし必要なら，興味深い仮説を含むかもしれないデータのサブセットを選択する。比較するためのサンプルの分割などがこれに当たる。

Phase3：【データの準備】

データマイニングの前処理として，使用可能なデータを分析に適した形式に整形する段階。欠損値の処理などを行う。また，データの理解で行ったサブセットの作成などを行う。アカデミックにおいてはこの段階は奇妙に感じるかもしれない。それは，データ自身や変数を操作することについてである。しかし，データマイニングツール上においては，この段階を含めてすべてのプロセスがストリーム（プログラム）上に表されており，何をどのように操作したのか，を他の研究者に知らしめることができる。ただし，ストリームの解釈についての知識が必要である。このような知識を取得することも本書の目的の１つである。

A；初期の生データをすべての段階に用いることができるように最終的なデータセットに準備する。これは最も手のかかる仕事である。

B；分析したい，もしくはマイニングの目標に適合したケースや変数を選択する。

C；必要であれば，ある特定の変数を操作する。

D；モデリングツール（アルゴリズム）の要件に合わせて，生データをクリーニングする。なお，変数の操作もある。

Phase4：【モデリング】

モデルの設計の段階。モデルとは，適した手法を用いて作成され，学術的な裏付けに立脚したデータを処理するための機能である。

A；適切なモデリング手法（アルゴリズム）を選択，適用する。ここでのアルゴリズムには，ニューラルネットワーク，決定木，クラスタリング手法，アソシエーション・ルールなどがある。
   B；最適な，有効な結果を導くために，モデリングの条件を設定する。モデリングノードの編集。
   C；同じマイニングの課題にいくつかの異なるモデリング手法を用いることができる。例えば，ニューラルネットワークと決定木を併用することなどである。
   D；もし必要であれば，ある特定のマイニング手法の特殊な要件に合わせるために，データ準備の段階に戻ること。これは，モデルの併用の段階で考えられる。

Phase5：【評価】
   プロジェクト目標を達成するには十分なモデルであるかどうかをビジネスの観点から評価する段階。
   A；モデルを現場（実際のビジネス）に展開する前に，そのモデルの有効性及び質について評価する。評価グラフ，精度分析を行う。
   B；第一段階でビジネス目標を達成できると考えられるモデルを選択し，それに決定する。
   C；ビジネス及びマイニングプロジェクトの中で重要な事実が忘れられていないかを確認する。これは，マイニングのプロジェクト全体の見直しにつながる。
   D；データマイニングの結果の観点から意思決定を行う。

Phase6：【展開／共有】
   プロジェクトで得られた結果を意思決定者が使用できるようにし，具体的なアクション（業務改善）を起こす段階。
   A；作成されたモデルを用いる。モデル作成はマイニングプロジェクトの終着点ではない。
   B；単純な展開の例；レポート（マイニングの結果）を一般化し，報告する。

第2章 データマイニング入門：データ・サイエンスの中で

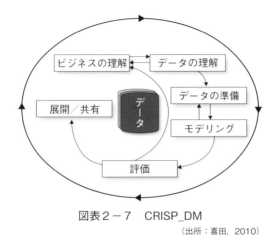

図表2−7　CRISP_DM

（出所：喜田，2010）

C；より複雑な展開の例；同時に，並列的に他の部門で行われているデータマイニングプロセス及び業務を改善する。

D；ビジネスにとって，顧客はわれわれのモデルを発展させる基礎であることを意識すること。

以上のような段階を経て1つのデータマイニング及びデータ・サイエンスのプロジェクトが実行されることになる。そこで，重要な点として3つが挙げられる。

重要な点1；相互に関連している。

重要な点2；相互に関連しているために，明確な順序を持たない可能性がある。

重要な点3；反復的に行われる。つまり，組織として継続的に行っていく必要がある。

このようなプロセスを経て，データマイニングのプロジェクトは遂行されていく。このプロセスは，テキストマイニングにおいても共通する。そして，CRISP_DMがデータマイニングの台本であることから，前述のデータ・サイエンスの領域との関係をまとめると，図表2−8になる。

Ⅳ　データマイニングの台本と戦略立案：データマイニングの経営学での位置付け

データ・サイエンスの領域	CRISP_DM のフェーズ
1）「分析用データを作る」	データの準備と理解
2）「VISUALIZATION（可視化，もしくはデータ表現）」	評価，共有・展開 データクリーニングの基礎に。
3) ANALYSIS（分析）	モデリング
4) PREDICITIVE ANALYSIS（MODELING)	モデリング

図表2－8　CRISP_DM とデータ・サイエンスの領域

データマイニングの台本と戦略立案：データマイニングの経営学での位置付け

　以上がデータマイニングを行う際の台本である。そこで，このような台本はどのように戦略策定及び戦略立案と関連するのであろうか。この点を示すことで，よりデータマイニングと経営戦略論との関係を明確にすることにしよう。

　経営戦略論の中で戦略策定及び戦略立案に関するものとして，Hofer & Schendel (1978), Aaker (1984, 2001) 等が代表的である[4]。また，ここで注意しておく点が1つある。それは，経営戦略論は，内容論とプロセス論に区別できることである。特に構想としての経営戦略は，構想の内容面とその構想を生み出すプロセスに区別できる。第1章で提示した経営戦略論はどちらかというと前者の側面を持ち，ここで注目している戦略策定や実行プロセスについては経営戦略論のプロセス論として位置づけられる）。戦略立案（戦略市場経営）のうちデータマイニングが直接的に関連するのは，戦略的分析と呼ばれるところである（図表2－9）。

　このように戦略立案において分析対象として，組織外部の要因に関するものと，組織内部の要因に関するものの2つに分類される。組織外部に属するものとして，顧客・市場・競合（競争相手）・環境（一般経済環境）がある。組織内部では，自社の強み・弱み分析を中心としている。データマイニ

第2章 データマイニング入門：データ・サイエンスの中で

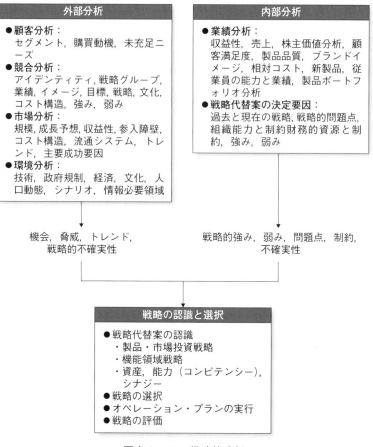

図表2－9　戦略的分析

(出所：Aaker, 2001, p.37, 図表2－1)

ングはデータベース・マーケティングを行うために導入された経緯がある。この点は顧客の行動を明らかにするためのデータを収集する傾向があることとも直結する。それ故，データマイニングは図表2－6の中で，外部分析の一部である顧客分析に位置づけられる，もしくは中心とする傾向がある。

　Aaker（2001）では顧客分析を外部分析の最初段階であり，その中心であり，最も重要であるとしている。なお，この点については各マーケティング

領域の研究者も同意している（Kotler & Keller, 2006）。

　顧客分析には，①セグメンテーション（顧客の囲い込みと優良顧客を見つける），②顧客の反応（行動）及び購買動機の理解，③未充足なニーズに対する分析，の3つの側面を持っている（Aaker, 2001）。

　これらの顧客分析と本書で説明するデータマイニングの活用法を関係づけると以下のように考えられる。

　①のセグメンテーションについては第8章で説明する。そこでは，通常の属性によるセグメンテーションに付け加えて，次の顧客の反応と購買動機に関連するように，実際の購買行動を基にしたセグメンテーションを行うことを提案している。

　②の顧客の反応（行動）と購買動機については，第6章及び第7章で説明する。ニューラルネットワークもしくは決定木を用いるデータマイニングは，顧客の行動を予測するという機能を持っている。また，決定木はその名のとおり顧客の意思決定のプロセスを示しており，顧客からみたら購買動機，企業側からすると，自社製品の遡及点が明らかになる。

　③の未充足なニーズに関しては，第9章でマーケット・バスケット分析を用いたレコメンドシステム（おすすめ商品の見つける方法）は顧客自身のニーズに自ら気づかせるという側面があることを示すことと関連する。また，未充足なニーズを明らかにする方法として第10章では自社製品の満足点と不満足点を明らかにする方法と関連する。

　以上のようにデータマイニングの活用法は戦略立案の中で重要な顧客分析と関連づけることができる。その上で，データマイニングでいうモデル及びルールという言葉を少し説明する必要がある。それは，データマイニングでいうモデル及びルールという言葉には，ここでいう分析するというだけではなく，実際ビジネスの現場において仮説（ビジネス仮説もしくはビジネスモデル），もっと行動レベルに落とし込んでアクションプランを示している（Pyle, 2003）。例えば，第9章で説明するマーケット・バスケット分析であれば，レコメンドシステムの構築や店舗設計，併売活動の基礎になる。つま

り，単なる分析ではなく，マーケティング活動や戦略として利用することができる。それ故，図表2－7においては組織内で共有するなどの段階を持っているのである。

このようにデータマイニングは外部分析のうち顧客分析を中心としているが，そのほかの要因の分析にも利用が可能である。例えば，市場動向の分析などは第6章で示すように金融市場の動向のみならず業界全体の分析もデータがあれば可能である。

データマイニングは顧客分析及び外部分析を重視してきた。これは，データマイニングが何度も述べるようだがマーケティング領域と関連して生み出されてきた結果であり，顧客情報や取引データなど顧客に関連するデータを分析するためである。それ故，本書ももちろんそのほかの多くの書物では，マーケティング領域及び顧客分析を中心とする利用法を説明している[5]。つまり，外向きのデータマイニングが中心である。

しかし，組織内のデータ（会計情報や従業員の情報など）を収集することで内向きのデータマイニングが可能であると考えられ，本書以降のデータマイニングの活用法での大きな課題となると考えられる。この点については，分析力は社内・社外の両方に用いることができるとしている点でも示唆される（Davenport & Harris, 2007）。社内については，財務，製造，研究開発，人事の領域で分析を行うことになるとし，社外については顧客，サプライヤーについて分析を行うことになるとしている。なお，この点については，アルゴリズムと経営課題のところもしくは各アルゴリズムの活用事例を説明する際に議論することにしよう。

おわりに

本章では，データマイニングの概説について説明した後，最近のデータ・サイエンスの議論を紹介し，その中で，本書及びデータマイニングがどのように位置づけられるのか，などについて説明した。次に，データマイニングにはデータが必要である。そのデータの種類や最近のビッグ・データについ

ての議論を参考に，ビッグ・データとの関係について説明した。なお，より具体的なデータ作成（分析用データの作成）については，第3章で説明する。

その上で，これらのデータをデータマイニングするのであるが，それにはある種の台本が必要である。なぜなら，データマイニング自身を標準化する必要があるためである。その代表的な台本である CRISP_DM について説明した後，このフェーズがデータ・サイエンスの領域とどのように関連するのか，を説明した。最後に，前述したようにデータマイニングはデータ分析を通じて競争戦略の立案（戦略策定）と関連する。ここでは，データマイニングと戦略的分析の関係を明らかにすることによって，よりデータ分析及びデータマイニングと経営戦略論との関係を示した。

次章では，具体的にソフトを用いてこれらのデータを操作し，モデルを構築するための前段階について説明することにしよう。

注

1　Redman（2008）pp.186-187 より。
2　この点については，今後のアルゴリズムの開発の進展などの技術革新によって，分析型としていることが日常業務で用いられる可能性があることを示唆しておくことにしよう。
3　このようなデータについては，取引データとして取り扱う場合もある。また，RFM 分析に用いるようなデータについては，取引データと個人属性の情報のどちらともとらえることができる。
4　なお，経営戦略の戦略策定については，石井・奥村・加護野・野中（1985）の第6章，等を参照されたい。
5　例えば，Cabena, etc.（1989），Berry & Linoff（1997；2000），山鳥・古本（2001），Olson & Yong（2007），Jeffery（2010），Linoff & Berry（2011ab）等が挙げられる。

第3章

データマイニングの前提条件：データマネジメントとデータクリーニング

> **キーワード**
> IBM SPSS Modeler，ERP（基幹系システム），データマネジメント，データの読み込み，データ型で得られる情報，データクリーニングとデータ操作，分析用データの作成

はじめに

　前章で，データマイニングとは何かについて説明してきた。そこでは，データ・サイエンスの中での位置付けなども行ってきた。しかし，データマイニングを導入した，その知識を得たのみではデータマイニングを活用することはできない。なぜなら，データマイニングを行うには重要な前提条件があるからである。そこで，本章では，データマイニングを行う前提条件について説明することにしよう。その前提条件の第1としては，ツールの基礎的な知識が必要である。データマイニングの代表的な市販のソフトとしては，IBM/SPSS 社の Clementine，IBM SPSS Modeler，数理システムの Visual Mining Studio，などが挙げられる。

　本章では，まず IBM SPSS Modeler の基礎知識及び操作手順などについて説明することにしよう。次の前提条件は，図表3－1の中での太字で示している「データマネジメント」，「分析用データを作る」，「VISUALIZATION（可視化，もしくはデータ表現）」の3つの領域である。なお，ここでの「VISUALIZATION（可視化，もしくはデータ表現）」は，データクリーニン

第3章　データマイニングの前提条件：データマネジメントとデータクリーニング

データ・サイエンスの領域	データマイニング（本書の内容）
データマネジメント	第3章
1)「分析用データを作る」	第3章，テキストマイニングに関しては，第10章
2)「VISUALIZATION（可視化，もしくはデータ表現）」	第3章，第6章から第9章の一部
3) ANALYSIS（分析）	第6章から第9章の一部
4) PREDICITIVE ANALYSIS（MODELING）	第5章，第6章から第9章

図表3-1　データ・サイエンスの中でのデータマイニング（本書の内容）（再掲）

グの基礎とするためである。

I　データマイニングツールの基礎知識：IBM SPSS Modeler 入門

　IBM SPSS Modeler では，Clementine と同様にデータマイニングプロセスの業界標準である CRISP_DM との連携によるプロセス管理を実現したことで，高度な機能が馴染みやすい GUI で簡単に操作できるデータマイニングツールである[1]。IBM SPSS Modeler の画面は次の図表3-2のように構成されている。

　IBM SPSS Modeler では，ビジュアルプログラミング手法によって，データマイニングができる。これは，ストリーム領域において行われる。ストリーム領域は IBM SPSS Modeler におけるメインのワークエリアであり，ストリームをデザインする場所と考えてよい。ストリームとは，IBM SPSS Modeler においてはデータマイニング及びテキストマイニングのプログラムのことであり，データの流れ（ストリーム）を示している。

　ストリーム領域上のアイコンはデータに行う処理を表し，ノードと呼ばれている。ツールバーはさまざまな機能を提供している。ユーザーはアイコンをクリックすることであるストリームの実行，実行の中断，ノードの切り取

Ⅰ　データマイニングツールの基礎知識：IBM SPSS Modeler 入門

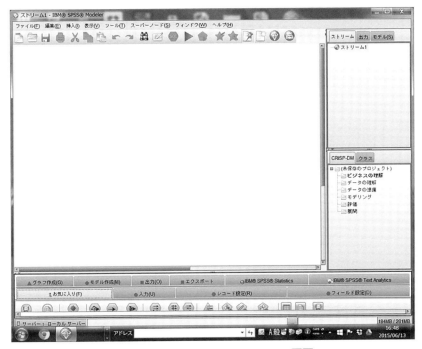

図表３－２　IBM SPSS Modeler の画面

り，ノードのコピー，ノードの貼り付けなどを行える。

　ストリーム領域の右上には，ストリーム，出力，モデルの３種類のマネジャーが用意されており，それぞれに対応したオブジェクトを表示，管理することができる。各パレットには，データストリームに追加できる関連ノードが含まれている。例えば，入力パレットにはデータを読み込むために使用するノードが含まれる。お気に入りパレットは，ユーザーがカスタマイズできるパレットで，ユーザーが頻繁に使用するノードを表示しておくことができる。

　複数のノードをストリーム領域に配置し，ノードをリンク（結合）してストリームを形成する。ストリームは，複数の操作（ノード）を通過していくデータの流れを表している[2]。

第3章　データマイニングの前提条件：データマネジメントとデータクリーニング

　パレットにあるアイコンは，実行される操作の種類によって，入力，レコード設定，フィールド設定，グラフ作成，モデル作成，出力の6つのグループに分けられている。最新のIBM SPSS Modelerでは，その他SPSSの統計ソフトであるIBM SPSS Statisticsとの作業を一貫して行うためのパレットが用意されている。また，フィールド設定，モデル作成，特にモデル作成パレットで大きく機能が追加されている。そして，以下のノードにおいて，さまざまな設定（編集）が可能であり，それを行うことで，より詳しいデータマイニングが行うことができる。

[入力（U）]

　以下のノードで示されるファイル形式からの読み込みが可能であり，CSVファイルを代表とする可変長ファイル，Excelファイル，SPSSファイルなどを読み込むことができる（図表3－3）。

[レコード設定（R）]

　ここで言うレコードとはサンプルのことである。ここに属するノードは，レコードレベルでデータセット（サンプル）に変更を加える場合に使用する（図表3－4）。具体的には，サンプリングやサンプルごとでの並び替えなどが行える。また，データ操作で重要なデータの結合を行う際に必要なノードが含まれている。データの結合にはサンプルを付加するレコード結合ノードと変数を追加するレコード追加ノードがここに含まれている。この点については後述する。IBM SPSS Modelerでは，マーケティング論で用いられるRFM分析の基礎となる集計データを作成するノードが追加されている[3]。

[フィールド設定（D）]

　ここで言うフィールドとは変数のことである。ここに属するノードは，データの準備でデータを選択，クリーニング，及び構築する際に役に立つ。

図表3－3　入力パレット

Ⅰ　データマイニングツールの基礎知識：IBM SPSS Modeler 入門

図表3－4　レコード設定パレット

図表3－5　フィールド設定パレット

図表3－6　グラフ作成パレット

また，変数をコントロール，新たな変数を作成する等の機能を持っている（図表3－5）。具体的な，モデル作成に用いる変数を特定するのに用いる。また，IBM SPSS Modelerでは，マーケティング論で用いられるRFM分析を行えるノードが追加されている。

[グラフ作成（G）]

以下のノードで示されるグラフ作成が可能である（図表3－6）。そこでは，棒グラフやモデルを評価するグラフなどを作成することができる。

[モデル作成（M）]

以下のノードでは作成可能なモデルを示している（図表3－7, 8, 9, 10）。そこでは，ニューラルネットワーク，決定木，アソシエーション・ルール，クラスター化のモデルなどを作成することができる[4]。ClementineとIBM SPSS Modelerとの大きな違いは，モデル作成パレットにある。IBM SPSS Modelerでは，より多くのアルゴリズムが追加されている。モデル作成パレットは，「すべて」，モデルの比較で用いる「オートメーション＝自動作成」，「クラシフィケーション＝予測・判別」，「アソシエーション＝パターン発見」，「セグメンテーション＝分類」のタグに分けられている。そして，そのそれぞれに数種のアルゴリズムが属している。

図表3-7 オートメーション

図表3-8 「クラシフィケーション=予測・判別」

図表3-9 「アソシエーション=パターン発見」

図表3-10 「セグメンテーション=分類」

図表3-11 出力パレット

図表3-12 お気に入りパレット

[出力（O）]

　以下のノードで示される形式への出力に対応している（図表3-11）。その出力の形式としては，テーブル（表形式），クロス集計などが挙げられる。

　そのほか，エクスポート，IBMのそのほかのソフトと連携が取れるノードが用意されている。

　なお，このように分類されて各パレットに収められているが，よく用いられるノードを「お気に入り」として整理することができる（図表3-12）。

Ⅰ　データマイニングツールの基礎知識：IBM SPSS Modeler 入門

以上のようなノードを用いて，ストリームの中でプログラムを作成しデータマイニング及びテキストマイニングを行っていくことになる。

基本的なストリーム＝プログラム

しかし，これらのノードをどのように組み合わせていくのか，という点が初心者にとっては大きな問題になる。そこで，ここではその方向性を示すために基本的なストリームの形，並び方を提示することにする（図表3－13）。

前述したように IBM SPSS Modeler はビジュアルなプログラミング手法である。このように見ると，丸い形をした入力ノードから始まり，六角形のデータ及びフィールド操作ノードをとおして，三角形のグラフ作成ノード，五角形のモデル作成，四角形の出力ノードの順で配置されるということが分かる（図表3－13）。これは喜田（2010）で取り上げた Clementine と同様である。

なお，三角形のグラフ作成ノード，五角形のモデル作成，四角形の出力

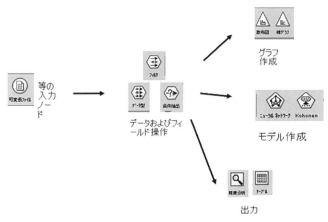

図表3－13　基本的なストリーム

（出所：喜田，2010）

ノードはターミナルノード（終点ノード）と呼ばれ，そこでデータ操作が一通り終わる。そこで，このようにストリームを作成することで，データマイニングを行うことになる。このストリームでの矢印はデータの流れを示しており，各ノードは変数の操作及びデータの操作の軌跡を示している。

Ⅱ　データウェアハウスの構築：システム統合とデータ統合

　データマイニングは大量のデータが存在することによって可能になる。この点については，本章でも述べるが，データの量と質という面で考えると，質のほうが重要であると考えられるようになってきている。これらのデータは構造化され，信頼されうるフォーマットで保存されるべきである。このように保存されたデータの集合体がデータベースである。そのデータベースを基礎に構築されるのがデータウェアハウスである[5]。

　データウェアハウスを構築することは，よりよい経営上の意思決定の基礎として用いられ，知られている事実や関連するデータの規則性を持ち，アクセス可能な貯蔵庫を構築することである。

　データウェアハウスとは，基幹系業務システム（オペレーショナル・システム）からトランザクション（取引）データなどを抽出・再構成して蓄積し，情報分析と意思決定を行うための大規模データベースのことである。こうしたデータベースを中核とした意思決定支援システムのこと，あるいはこのようなシステムの構築概念のことを指す場合もある。意思決定支援に最適化したデータベースで，その特徴は分析に適した形で加工していない生のデータをそのまま格納して長期間保持することもある。

　データウェアハウスは，「意思決定のために，目的別ごとに編成され，統合化された時系列で，更新処理をしないデータの集まり」と定義される（Monk & Wagner, 2006）。

　基幹系業務システムは通常，「経理」「販売」「在庫」「購買」というよう

に，機能ごとにシステムが構築されている。これらのシステムでは，データの形式やシリアル番号が異なるということがよくあるが，これがそのままでは分析できないため，「顧客」「製品」などの形で統合するのが"目的別"であり，異なるシステムに分散されているデータを1つのデータベースに集めるのが"統合化"である。

また，基幹系業務システムは「今月の売上」「現在の在庫」「今期の利益」といったように，いま現在の業務を処理するため，過去のデータを保存しないことが一般的であるが，これでは「過去の顧客推移」を分析する場合に対応できない。これに対し，データウェアハウスは過去のデータも順に格納するが，これが"時系列"である。またデータウェアハウスは基幹系システムと独立して構築され，そのデータ更新を行わないのが基本となるため，"更新処理をしない"という特徴がある。

データウェアハウスは企業の事業，製品，顧客に関する情報へのアクセスできることを可能にする。これらのデータは企業内及び外部にその源泉を持っている。データウェアハウスは，アップデートしやすく，しかもある特定のタイプのデータを読み出しやすい方法で膨大なデータを貯蔵するのに用いられる。また，多様なソースからの情報を統合する。再度，データベースとデータウェアハウスを区別するために，その特徴を明確にすることにしよう。データウェアハウスには次の4つの特徴がある。

①活用目的別に整理された「サブジェクト指向」（subject-oriented）

②一貫性をもってデータを変換して実現する「統合性」（Integrated）

③過去の履歴を保持する「恒常性（不揮発性）」（non-volatile）

④時間とのつながりを持っている「時系列性」（time-variant）

このような特徴は，データマイニングを可能にする。もしくはデータマイニングを用いることを想定したデータベース（データウェアハウス）の構築といえる。そして，データマイニング手法は，データウェアハウスの構築とも含めて議論することにより，組織の知識管理（ナレッジ・マネジメント）や情報インフラとの関係で議論されることになる。この点はビジネス・イン

テリジェンスの枠組みの中で議論され，現在では，データマネジメントとともに議論されるようになっている。特に注目されているのが，基幹系システムの刷新スピードの維持である（Pelphrey, 2015）。なぜなら，刷新スピードが遅いとビジネスとデータの関係が維持できず，分析に必要なデータが不足するという問題が起こるためである。そこで，次に，最近注目を集めているデータマネジメントについて見てみることにしよう。

Ⅲ データマネジメントとは

　ビジネス・インテリジェンスの議論で特に重要になっているのがデータマネジメントである。なお，ここではデータとしているが，情報もしくは知識としてもよい。データウェアハウスの構築では，どちらかというデータの量に注目する傾向が大きく，大量のデータを取得することが中心となっている。それ故，データの質に対する関心が低いこともあり，データマイニングはもちろんのこと，IT及びナレッジ・マネジメントの有効性に疑念を持つ議論が一時期数多くみられた（Brown & Duguid, 2000）。
　このような中でRedman（2008）は企業データの質に注目すべきだとし，データマネジメントの必要性を強調することになる。彼は，分かり切っているはずである『データは企業の資産である』を再認識する必要があるとする。その上で，分析を得意とする企業がデータマネジメントとしての第1が発生源でのエラーを防ぐこととしている（Davenport & Harris, 2007）。彼らは，それには以下のような習慣を持つ必要があるとしている[6]。
　①最も重要な顧客の重要なニーズに注目する。②プロセスに徹底的に注目する。③サプライヤーも含めデータのあらゆる重要なソースを管理する。④ビジネスの言葉（自社の専門用語）を使いデータの発生源でデータ品質を測定する。⑤単純なエラーを防ぎ，改善活動を行うために，あらゆるレベルで管理に取り組む。⑥継続的な改善の習慣を育成する。⑦改善目標を設定し，

達成していく。⑧マネジメント層によるデータの説明責任を公式化する。⑨経営幹部グループによってトップダウンで取り組む。⑩データ品質の課題は「人の問題」であることを認識し,必要な企業文化変革を積極的に管理する。

　この中で最も重要なのが,①の「最も重要な顧客の重要なニーズに注目する」であり,彼らが言う高品質なデータとは何かを確認する必要がある。「高品質のデータとは,顧客の業務,意思決定,計画などの使用に適したものである。欠陥がなく,業務の完了,意思決定の実行,計画の立案に必要な特性を有している場合に使用に適している[7]」。

　この言葉からみると,ここでいう顧客は自社の従業員,業務部門もしくは経営層のことであり,自社自身を顧客としていることが分かる。

　そして,データマネジメントの問題は,データを作成する人と使用する人との関係でミスマッチが起こっていることである[8]。つまり,データを作成する人は使用する人のニーズを把握する必要があり,そのデータが「どのような意図で作成されているのか」,「どのような意味を持つのか」,「どこにあるのか」などのメタデータが必要であることを示している。これを通じて,使用者はそのデータを使用することが可能になるのである。そして,この使用者の代表的な存在がデータマイニングを行う人なのである。

　このようなデータ顧客に注目するということについて1つの注意点がある。

　数多くの企業が企業内のデータの管理に専門部門を設置している。具体的には情報システム部やIT部門である。また,そのための役職も任命している。しかし,Redman（2008）では,データと情報の質の責任を業務部門（事業部など）に割り当てる,としている。この点は少し奇異に映るかも知れない。なぜなら,情報システム及びナレッジ・マネジメントシステム上でデータが蓄積されているのであれば,その中でのデータの質の責任は情報システム部やIT部門が持つように思われるからである。しかし,情報システム部門やIT部門は全社での情報システム環境の整備等を主な職務にしており,その中でのデータの質に関しては,業務部門での活動に依存している。

つまり，データの作成者であるのは業務部門に属する人々である。この点を認識することで，前述のデータを使用する人へのある種の配慮が可能になるのである。

Redman（2008）を経て，情報（IT）部門やベンダーを中心としたデータマネジメントの議論が 2010 年以降活発になってきている。日本でもデータマネジメントの普及を目的とする JDMC（日本データマネジメント・コンソーシアム）の設立や JUAS（日本システムユーザー協会）でのデータマネジメント研究会及びデータ・サイエンス研究会での活動などが挙げられる（喜田・日本情報システム・ユーザー協会，2018）。

そこでデータマネジメントとは何か，ということについてはいまだ議論が続けられているが，データマネジメントとは「データを資源／資産として活用するために必要な一連の活動の計画を立て，実行すること」であると定義することができる[9]。その背景としては，①データは勝手に増えていく（利用しても減らない。意識して廃棄しなければ減らない）。②データはある 1 つの値を表すのではなく，業務を表す複雑な構造を背景に持っている。③データは利用されつつ，新たな価値及びデータを付加される。という企業内データの特性があり，データを放置すると，その品質は悪化していく。「見つけられない」「不正確」「不十分なセキュリティー」「他データとの整合がとれない」「データ定義が失われて分からない」などがその典型である。これを避けるべく，データを資産として価値を高めるためのデータマネジメントが必要であるということである。

そのトピックとしては，データ基盤，データの定義（変数の定義），データのガバナンス（資産としてのデータの責任の所在を明らかにすること），セキュリティー，入力ミスを防ぐ，データ入力フォーマットの作成などのデータの質の管理，ERP の刷新スピードの管理，データ及び分析ニーズの把握，名寄せなどのデータ統合及びシステム統合，データエンジニアリング，データの利活用方法（データ・サイエンスと接点），データ分析基盤の構築，情報投資の事業価値化等が挙げられる。なお，データマネジメントに

ついては，DAMA International（2006），Bradford（2008），Loshin（2008），Redman（2008），Berson & Dubov（2010），Watson（2013），Pelphrey（2015），西田（2017），喜田・日本情報システム・ユーザー協会（2018）などを参照されたい。

　本書では，データマネジメントを，システムの中でのデータの質の管理を中心とするデータエンジニアリングとデータを扱う「人」の管理の2つの側面があることを強調しておくことにしよう。そして，データを扱う「人」の管理という側面は，分析を行う，データ活用を行うことに必要不可欠であり，今から約20年前に導入されていることを指摘しておくことにしよう（Davenport & Harris, 2007）。

分析用データを作る：データビジュアライゼーション，データクリーニング，分析用データの例

　データマイニングを行うためには，モデルを構築するためにデータを理解し，準備する必要がある。その準備の段階は，①ソフトにデータを読み込む（インスタンス化），②欠損値検査などデータの質を理解する。③データ操作の3つの段階に分かれる。データ操作には，サンプリングとデータ結合などがある。

1）ソフトにデータを読み込む（インスタンス化）

　ここでは，データファイルの読み込みの方法を説明する。データマイニングの最初の作業はデータを使用するソフトに読み込むことである。ここではIBM SPSS Modelerでのデータマイニングでのデータ読み込み方法をいくつか説明する。IBM SPSS Modelerでは，テキストファイル，CSVファイル，Excelファイル，SPSSファイル，ODBCを経由したAccessファイルなどが読み込むことができる（図表3－3）。一般的に重要なのは，可変長ファイルの読み込みである。これはExcelのファイル（CSVファイル）を読み込

むのに用いられる。また，企業においては，ODBC ソースにデータがある場合，さまざまなデータをインポートすることができる[10]。

ここで重要なのは，フィールド（変数）の型（種類）と方向に関する説明である。なぜなら，これはモデルを構築する際に重要になり，フィールドの種類によって用いられるアルゴリズムが決まるからである。もっと言うと，現在のところ，アルゴリズムを用いる前提条件としてフィールドの種類が決められている。

まず，データファイルの読み込みに使われるノードについて説明することにしよう。それは，入力というパレットの中に以下のように配置されている。データファイルの読み込みに使われるノードとして以下のようなものがある（図表3－14）。

このようなデータをソフトで用いることができるようにするには，図表3－14で示すようにデータ型ノード（図表3－15）を通してテーブルに出すというデータのインスタンス化が必要である。なお，IBM SPSS Modelerでは，入力ノードにおいて簡単に行うことができるようになっている。

これを行うことによって，図表3－16で示されるようなデータ及び変数の情報を得ることができる。データ型ノードで得られる情報は，第5章以降でモデル構築を行うときに重要になる。なぜなら，各アルゴリズムが得意とする変数があるからである。データ型ノードで得られるデータについての情報としては，①フィールド（変数）の名前，②尺度＝変数の種類，③値，

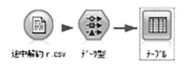

図表3－14　データのインスタンス化のストリーム

図表3－15　データ型ノード

Ⅳ 分析用データを作る:データビジュアライゼーション,データクリーニング,分析用データの例

図表3-16　データ型ノードで得られる情報

④欠損値の存在，⑤欠損値検査をしたかどうか，⑥方向である。そこで，重要なのが，尺度（変数の種類）と方向である。

①データ型（変数の種類）

　データ型ノードでのデータ型（変数の種類）には以下の種類がある。
- 範囲；整数，実数，日付／時間などがある。（年齢，年収，売上高）
- 離散型；値の正確な個数が不明である場合，文字型の値に対して使用される。
- フラグ型；有／無や，0／1のように2つの値を持つデータに対して使用される。代表的には,性別などがこれに当たる。また,バイナリーデータのことであり，POSデータやテキストマイニングでの構造化データなどもこれに含まれる。
- セット型；複数の値があり，それぞれが小／中／大のようなセットのカテゴリーとして扱われる値に対して使用される。カテゴリー化された数値，文字列，日付／時間などであり，婚姻状況などがこれに当たる。

65

・不明；上記のどの型にも当てはまらないデータや，カテゴリー数が多すぎるセット型のデータ（口座番号など）に使用される。

そして，このように変数の種類が明らかになるが，これを整理したのが図表3－17である。

なお，ここで変数の種類を確認することは，後述する手法（アルゴリズム）の選択などにもかかわる。そして，重要なことは，各領域や部門によって，データ全体で占めるデータの種類が大きく異なる点である。経済及び会計領域，部門であると経営企画部や財務部門であると，各種経済指標，売上高や利益などの「数値」データが中心となる。一方で，心理学及び社会学のような行動科学領域，それを基礎とする消費者行動論や組織行動論のような領域の場合は，性別や行動の結果などのシンボル値（離散）型の変数が中心となる。そして，部門であると，顧客関係管理を担う営業部門やマーケティング部門，組織での従業員の行動などを中心とする人事部などにおいては「セット型」，「フラグ型」の「シンボル値」のデータが中心となる。

そして，ビジネスの世界では「数値」と「シンボル値」の両方を組み合わ

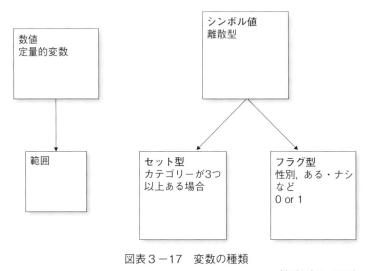

図表3－17　変数の種類

（出所：喜田，2010）

Ⅳ　分析用データを作る：データビジュアライゼーション，データクリーニング，分析用データの例

せて用いることが多いことがこの領域での特徴ともいえる。それ故，ビジネスの世界ではあらゆる手法が用いることができるということから，現在データマイニングを最も活用している領域に発展しているのである。

　重要な点は，このように，各領域においては中心とするデータ型，データの種類があることを意識することである。そして，この点が手法（アルゴリズム）選択に大きな影響を及ぼすのである。

②フィールドの方向
　一方，データ型ノードでのフィールドの方向には以下の種類がある。
　・入力（独立変数）：モデル作成において，入力すなわち予測フィールドとして使用される。
　・出力（従属変数）：モデル作成において，出力すなわち目的フィールドとして使用される。
　・両方：マーケット・バスケット分析を行うのに用いるアソシエーション・ルールのアルゴリズムである Apriori と GRI のモデルに用いる。
　・なし：モデル作成に使用されない。

　以上がデータ型ノードで得られるデータ及び変数（フィールド）に関する情報であるが，これは，次のようなストリームを構築し，実行することで自動的に得ることができる。このことをインスタンス化と呼ぶ。インスタンス化はデータマイニングの最初の段階で必ず行うことをお勧めする。なぜなら，これによって，入力したデータの特性を把握することが可能になるからである。また，フィールド設定パレット及びレコード設定パレットに含まれる各ノードを利用したときには，インスタンス化を必ず行うこともお勧めする。なぜなら，以上の操作によってどのように変数操作及びデータ操作が行われたかをデータ型ノードによって得られる情報で確認するためである。もっと言うと，IBM SPSS Modeler の利用においてはデータ型が最も重要であるということを注記しておくことにしよう。

2）データビジュアライゼーション：欠損値検査などデータの質と分布を理解する。

　以上のようにデータをソフトに読み込んだ上で，データマイニングにおいて最も重要な作業を行うことになる。それは，データマイニングの結果を左右しかねないデータの質を理解することであり，データ・サイエンスの領域では，VISUALIZATION（可視化，もしくはデータ表現）と呼ばれている（Tufte，1990，2006; Mazza，2009；Nussbaumer，2015；高間，2017）。この目的は2つある。

　1つはデータ全体の特性（特に，分布）を把握することであり，単純集計，テキストマイニング領域であると言及頻度分析，グラフ化などを用いて，報告書やプレゼンを作成することである（Nussbaumer，2015）。テキストマイニングでのVISUALIZATION（可視化）については Feldman & Sanger（2007）の第10章もしくは11章を参照されたい。

　もう1つは，データ・サイエンスの中で重要視されるのだが，分析用データを作る際に欠損値処理に用いる方法である。これは欠損値にどのような値を入れるのか，という問題である。そこでは，正規分布であれば平均値を，その他の分布であると，中央値を入れるか，それと最頻値を入れるかなどの選択の問題を解決するためにVISUALIZATION（分布を知ること）は重要である。

　このような欠損値処理とともに，この点は手法選択とも関連する。つまり，データの正規性（正規分布をしていること）を前提としている統計的な手法を用いるのか，それともこの点をあまり考慮していない機械学習の手法であるアルゴリズム（ニューラルネットワークや決定木）を用いるのか，という選択の問題になる。言い換えると，機械学習などのアルゴリズムはデータの正規性の問題から派生しているとも考えられるのである。

　そして，VISUALIZATIONは，このように2つの目的によって，そのそれぞれで議論が進められている。

　IBM SPSS Modelerなどのデータマイニングソフトでは，データの質を理

解する方法として，欠損値の調査とデータの分布を理解することになる[11]。後者はデータの上でどの程度偏っているのか，正規分布をしているかどうか，を知ることである。データの特性を知った上でデータの操作を行うことになる。

3）データ操作（データクリーニング）：「構造化データ」でのデータクリーニング

　以下では，データマイニングに入る前のデータ操作について説明する。マイニングにおいては，このようなデータ操作が必ずといってよいほど行われる。この点は，通常の統計的な分析手法を用いる研究者にとっては奇異に写るかもしれないが，マイニングにとっては重要なプロセスである。なぜなら，マイニングの最終的な目標は統計的な分析結果を提示することではなく，有効なモデルを構築することであるためである。そして，その目的は，データの質（欠損値などがない状態）を上げることであり，その質の高いデータを用いないと有効なモデルが構築できないと考えているからである。ここでは有効なモデルの意味を述べておくと，実際ビジネスの上で，利益及び売上高が上がるというような実践的な意味においてである。

　そこで，IBM SPSS Modeler が，有効なモデルを構築するためのデータ準備及びデータ操作として，以下の4つが考えられる。これらの点は，現在，データ・サイエンスの中ではデータクリーニング及びデータクレンジングの領域として確立し，分析用データを作成する上で重要である。データマイニングでのデータクリーニングについては McCallum（2012），Nettleton（2014）などがある[12]。McCallum（2012）では，質の悪いデータ（バッドデータ）の事例を挙げ，その解決策を議論している。例えば，欠損値，入力ミス，フォーマットの不具合等であり，これはかなり問題であるが，現実（ビジネス等）とデータが一致しないときなどである[13]。また，ツール上でのデータ操作の方法については，喜田（2010），Wendler & Gröttrup（2016）の第2章を参照されたい。このような研究などから次の4つのデータ操作

について説明することにしよう。

①欠損データの削除もしくは処理
　データビジュアライゼーションによって欠損値データ及びその状況を把握して，欠損データが多い場合はその変数を削除する。欠損データが少ない場合はそのデータの分布状況などから，その欠損値部分に平均値，中央値などを代替的に入れる（Nettleton, 2014）。

②データの削除
　ここでは，重複しているレコードの削除が中心となり，例えば，顧客データなどでの重複やそのほか重複しているデータを削除する（Nettleton, 2014）。この点は，日本企業の情報活用の質問票調査でもデータの不満点として挙げられている（石倉他，2016；喜田・日本情報システム・ユーザー協会，2018）。
　この2つの点をデータクリーニングとしてデータ・サイエンスの中では1つの領域になっている（Nielsen & Burlingame, 2013；Nettleton, 2014；Buttrey & Whitaker, 2017）。

③サンプリング
　最近のビッグ・データと呼ばれる現状においては，有効なデータ作成を行うことにはデータクレンジング（データの要約）が必要であり，その1つの方法がサンプリングである（Nettleton, 2014）。

④データの結合
　データマイニングに必要とされる関連する情報及びデータが1つのデータベース内にすべてあることが理想だが，そのようなことはほとんどない。実際，データが異なる場所及びソース，もしくは異なるフォーマット（異なる保存形式，異なる変数を用いている）にある可能性が高い。特に最近の動

Ⅳ 分析用データを作る：データビジュアライゼーション，データクリーニング，分析用データの例

向から事業部門など部門ごとでのグループウェアやソーシャルネットワークサービス（SNS）の利用などからその可能性がより高まっている。

　そして，ERP（基幹系システム）自体が複数の情報システムのデータ統合を行っており，各システム間の結合キーを持っている（Monk & Wagner, 2006 ; Magal & Word, 2012）。具体的には，すべてのシステムを結合するのは「タスク」であるし，会計システムを中心にすれば「トランザクション・ナンバー」である。その上で，ビッグ・データのような外部データと結合するのは「顧客ID」である（Monk & Wagner, 2006）。

　それ故，データマイニングを開始する前に，異なるデータソースをすべてまとめて，1つのデータファイル（分析用データ）にする必要がある。そのためにIBM SPSS Modelerではレコード結合ノードとレコード追加ノードを用いる。レコード追加ノードは，サンプルを追加するのに用いられる。そのイメージを示すと次のような図表3－18で示される。このように，行の追加を行うことで，そのデータファイル内でのサンプル，レコードを追加しているということが分かる。

　一方，レコード結合ノードはフィールド（変数）を追加するのに用いられ

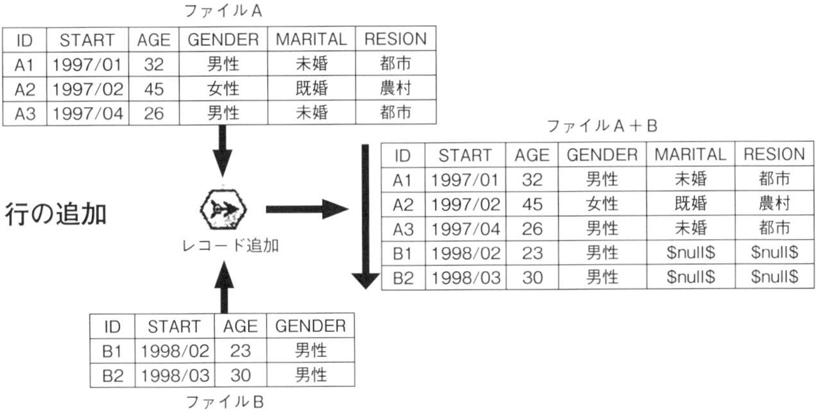

図表3－18　レコード追加ノードのイメージ

（出所：SPSS社トレーニングコース配布資料）

第3章 データマイニングの前提条件：データマネジメントとデータクリーニング

ファイルA

ID	START	AGE	GENDER	MARITAL	RESION
A1	1997/01	32	男性	未婚	都市
A2	1997/02	45	女性	既婚	農村
A3	1997/04	26	男性	未婚	都市
A4	1997/08	30	男性	既婚	都市
A5	1997/09	22	女性	既婚	農村

列の追加 → レコード結合

ファイルB

ID	ACCT	BALANCE
A1	普通	28560
A1	当座	55205
A2	当座	30554
A3	普通	98744

ファイルA＋B

ID	START	AGE	GENDER	MARITAL	RESION	ACCT	BAL-ANCE
A1	1997/01	32	男性	未婚	都市	普通	28560
A1	1997/01	32	男性	未婚	都市	当座	55205
A2	1997/02	45	女性	既婚	農村	当座	30554
A3	1997/04	26	男性	未婚	都市	普通	98744
A4	1997/08	30	男性	既婚	都市	$null$	$null$
A5	1997/09	22	女性	既婚	農村	$null$	$null$

図表3-19 レコード結合ノードのイメージ

（出所：SPSS社トレーニングコース配布資料）

る。そのイメージを示すと図表3-19で示される。このように，列の追加を行うことで，そのデータファイル内での変数を追加していることが分かる。

このようなノードの利用法において重要なのが，レコード結合ノードであり，それは，変数を追加する場合に用いられる。テキストマイニングを用いる場合，テキストマイニングの結果と属性変数を追加，結合する場合に用いられる。特に，混合マイニングには必要不可欠な作業である。

そこで，結合方法を説明すると，結合には2つの方法がある。

・順序：各入力ファイルのn番目のレコードを交互に取り，n番目の出力レコードを作製する。どちらかの入力でレコードがなくなると，それ以上，出力レコードが作成されなくなる。

・キー：一般的にキー結合と呼ばれる。この場合，「キー」として定義されたフィールドにおいて同じ値を持つレコードが結合さる。複数のレコードにキーフィールドがある場合，可能なすべての結合が行われる。具体的にキーとして扱われるものに，ID，サンプル番号などがある。なお，ERP（基幹系情報システム）ではタスクを結合キーとしている。

なお，テキストマイニングでは，必ずドキュメント ID を作る必要がある。そして，これがデータを結合する際のキーになるのである。

最近では，この領域は Data Fusion（データ融合）に進化しており，これら結合キーではなく，結合キーを想定しにくいオープンソースのデータ（いわゆるビッグ・データ）を統計的手法やモデリング手法（特に，自己組織マップや k-means）等を基に類似性からデータを融合することが行われている（Veres & Eross, ed., 2017）。特に，IoT（Internet of Things）で重要となるソースが異なるセンサーデータを統合，融合する手法が中心に議論されている。

以上のようにデータマイニングでのデータクリーニングについて説明してきた。そこでの特徴は「構造化されたデータ」でのデータクリーニングであるという点である（Feldman & Sanger, 2007）。テキストマイニングで用いるテキストなどの「非構造化データ」でのデータクリーニングは，ここで説明してきたデータクリーニングよりも複雑なデータクリーニングが必要である。これについては，喜田（2018）の第 5 章を参照されたい。

このような作業を経て分析用データが作成される。そこで，次により具体的に分析用データの例を挙げることにしよう。なお，ここで提示した分析用データは言うまでもなくフィクションデータであり，第 6 章で以降での事例に用いられる。

4）分析用データ例

ここでは，Olson & Yong（2007）を参考に，金融機関でのリスク管理用データ，通信業界での途中解約者予測用のデータ，小売店（POS データ）のデータの例を挙げる。なお，前者 2 つは期末データ（清算時）のために，取引データではなく，顧客情報が中心となっている。後者の小売店データは，その時々の取引データを挙げており，POS（Point On Sales）で収集されたデータがどのようにデータベース内に保存されているのか，を示している。

第3章　データマイニングの前提条件：データマネジメントとデータクリーニング

ID	年齢	年収	性別	持ち家	他債務	婚姻状況	貯金	RISK
100756	44	59944	男性	有	0	既婚	1	LOW
100668	35	59692	男性	有	0	既婚	1	HIGH
100416	34	59463	男性	有	1	既婚	1	HIGH
100590	39	59393	女性	有	0	既婚	1	LOW
100702	42	59201	男性	有	0	既婚	1	LOW
100319	31	59193	女性	有	1	既婚	1	LOW
100666	28	59179	男性	有	1	既婚	1	HIGH
100389	30	59036	男性	有	1	既婚	1	LOW
100758	38	58914	男性	有	1	既婚	1	MID
100695	36	58878	女性	有	0	既婚	1	MID
100769	44	58529	男性	有	0	既婚	1	HIGH
100414	34	58026	男性	有	0	既婚	1	LOW
100354	32	57718	男性	有	1	既婚	1	MID
100567	38	57683	男性	有	0	既婚	1	HIGH
100728	28	57623	男性	有	1	既婚	1	HIGH
100665	41	57520	女性	有	0	既婚	1	HIGH
100730	43	57388	女性	有	0	既婚	1	HIGH
100412	34	56891	男性	有	1	既婚	1	MID
100374	33	56849	男性	有	1	既婚	1	LOW
100566	38	56590	男性	有	0	既婚	1	HIGH
100421	34	56486	男性	有	1	既婚	1	MID
100670	41	56470	男性	有	0	既婚	1	HIGH
100379	33	56087	男性	有	1	既婚	1	MID

図表3－20　金融機関用データ

（出所：喜田，2010）

①金融機関

　図表3－20で示されるような事例では，今までの経験（実績）から，金融リスク（RISK）を3つのカテゴリーに分類しており，このようなデータを基に金融リスクを予想するモデルを構築することになる。また，追加的に融資返済の「遅延」を予測するためのデータ構築にも同様のデータが作成されることになる（Olson & Yong, 2007）。

②通信業界（乗換・顧客離反・途中解約）

　この事例では，乗換・途中解約を予測するためのデータである（図表3－21）。途中解約をすれば1，しなければ（会員のまま）であれば0と入力している。また，長距離電話，国際電話，地域電話の使用量が見られ，当該企業でのサービスの形態も明らかである（Olson & Yong, 2007）。

Ⅳ 分析用データを作る:データビジュアライゼーション,データクリーニング,分析用データの例

ID	長距離電話	国際電話	地域電話	支払い方法	定額利用	割引	年収	途中解約	年齢	性別	婚姻状況	子どもの数
0	5.2464	7.5151	86.3278	小切手	無制限	標準	27535.3	1	57	女性	既婚	2
3	0	0	3.94229	カード	定額	国際割引	64632.3	1	50	女性	未婚	2
4	5.55564	0	9.36347	カード	定額	国際割引	81000.9	1	68	女性	既婚	2
10	13.664	2.95682	32.6381	カード	無制限	国際割引	83220.6	1	60	男性	既婚	2
11	0	0	1.41294	カード	無制限	標準	50290.7	1	84	女性	未婚	0
13	0.281029	0	8.53692	小切手	定額	標準	20850.4	1	28	女性	未婚	2
19	11.0307	0	34.2777	カード	定額	標準	3776.12	1	87	女性	未婚	2
20	0.452629	0	73.0122	自動	無制限	標準	73865.9	1	88	女性	既婚	2
22	3.72883	0	18.8474	自動	無制限	標準	30933.6	0	76	男性	未婚	0
26	10.3701	2.15279	24.6683	小切手	無制限	標準	69864	1	87	女性	既婚	0
28	20.2685	0	102.864	小切手	定額	国際割引	91620.6	0	90	女性	既婚	2
30	25.5278	0.746981	5.18571	カード	定額	標準	96501.9	0	62	女性	未婚	0
32	8.08211	0	10.5858	小切手	定額	標準	13774.2	1	50	女性	既婚	0
33	2.94583	0.261446	77.238	小切手	無制限	標準	39428.2	0	48	女性	未婚	0
40	24.3456	0	62.826	カード	定額	標準	4988.14	0	37	女性	未婚	2
49	26.8624	0	15.4922	カード	無制限	国際割引	23564.1	1	21	男性	既婚	0
55	17.2085	8.94192	138.045	カード	無制限	国際割引	37661	0	42	男性	未婚	0
59	24.5781	0	80.7466	自動	無制限	標準	99064	0	71	女性	既婚	0
65	9.70314	1.20274	12.1824	カード	定額	標準	2974.76	1	33	女性	既婚	0
59	0	0	4.6195	カード	無制限	標準	23893.9	1	21	女性	未婚	0
71	0	0	2.36223	カード	定額	標準	23289.7	1	81	男性	既婚	0
73	6.67147	0	77.2515	自動	無制限	標準	11676.2	0	54	男性	既婚	2
78	13.6442	0	19.5464	自動	無制限	標準	27842.1	1	19	女性	既婚	0

図表3-21 通信業界用データ

(出所:喜田,2010)

③小売業(POSデータ)

小売データは,一般的に,レシート番号,年月日,時間,商品名1,商品名2,商品名3,商品名4,商品名X,などのようにデータが作成される(図表3-22)。そして,購入されれば1,されなければ0を入力することになる。一般的には,図表3-22のようになる。

本書では,パン屋さんを事例として挙げる(図表3-23)。

そこでは,図表3-23のように各購入記録が残される。このようなデータは,顧客を実際の購入活動からのセグメンテーションやレコメンドシステム構築に役に立つ。しかし,より深い分析を行おうとすると顧客の属性の部

レシート番号	年月日	時間	商品名1	商品名2	商品名3	商品名4	商品名5
1	90501	1600	0	1	0	1	0

図表3-22 小売店用データ(POSデータ)

(出所:喜田,2010)

レシート番号	食パン	卵サンドイッチ	ミックスサンド	ベーグル	クリームパン	アゲパン	あんパン	メロンパン	デニッシュ	アップルパイ
100001	1	0	0	0	0	0	0	0	1	0
100002	1	0	0	0	0	0	0	1	0	0
100003	1	0	0	0	0	0	0	1	1	0
100004	1	0	0	0	1	1	0	0	0	0
100005	1	0	0	0	0	0	0	0	0	0
100006	1	0	0	0	0	1	0	0	1	1
100007	1	0	0	0	0	1	0	0	0	0
100008	1	0	0	0	0	0	0	0	0	0
100009	1	0	0	0	1	0	0	0	1	1
100010	1	0	0	0	0	0	0	0	0	0
100011	1	0	0	0	0	0	0	0	0	0
100012	1	1	1	0	1	1	0	0	1	0
100013	1	0	0	0	0	0	0	0	0	0
100014	1	0	0	0	0	0	0	0	1	1
100015	1	0	0	0	0	0	0	0	0	0
100016	1	0	1	0	0	0	0	0	0	0
100017	1	0	0	0	0	0	0	0	0	0
100018	1	0	0	0	0	0	0	0	1	0
100019	1	0	0	0	0	1	0	0	0	0
100020	1	0	0	1	0	0	0	0	0	1
100021	1	0	0	0	0	0	0	0	0	0
100022	1	0	0	0	0	0	0	0	0	0
100023	1	0	0	0	0	0	0	0	0	0
100024	1	0	0	0	0	1	0	1	1	0
100025	1	0	0	0	0	0	0	0	1	0
100026	1	0	1	0	1	0	0	0	1	0
100027	1	0	0	0	0	0	0	0	0	0
100028	1	1	0	0	0	0	0	0	1	0

図表3-23　POSデータ；パン屋さんの事例

(出所：喜田, 2010)

分がないことが問題になる。しかも，実際の現場において，年齢など顧客の属性（プロファイル）は把握しにくいのが現状である。

　顧客の属性，顧客情報（＝プロファイル）を収集するには，企業及び店舗は異なるもう1つの仕組みが必要となる。それが各店舗及び企業で行っているポイントカードや会員カードである。ポイントカードに付随している情報としては，住所，電話番号がもちろん，年齢（誕生日），職業，家族構成などが含まれている。お客はポイントを取得するためにポイントカードを用いて買い物をするだろう。その結果，お店には，以上の取引データと属性を自動的に結びつけることが可能となる。この点が，ポイントカードの企業側に大きなメリットとなっているのである。

おわりに：データの質とは

　以上のように，各企業は膨大なデータを収集し，蓄積することになる。そして，前述のデータマネジメント，データクリーニングやデータクレンジングなどを通じて，データの質を維持する活動を続ける必要がある。そこで，重要なのは，データの質とは何か，ということである。データの質は，精度，鮮度，粒度の3つの面から評価できる（一般社団法人　日本データマネジメント・コンソーシアム『データマネジメントの基礎と価値』研究会，2015；2016ab）。

①精度
　データの持つ意味に対応して，値に間違いや漏れのない「正確性」が確保されている。この点は前述の欠損値処理などが当たる。

②鮮度
　データ入力，修正，集計などの「反映タイミング」が十分である。また，ある時点の情報再現や，経年変化をみるための「履歴」が十分である。この点は基幹系システムの刷新スピードの管理に直結する。

③粒度
　データの名称や内容の「意味多様性」が十分に整理統合され，適切な名称を与えられているという「データの定義」に関連する。

　そのほかデータ品質とととともに議論されるのが「データ性能」である。それは，そのデータがどれだけビジネスを反映しているのか，もしくはビジネスに有効であるのかということである。
　しかし，一般的に言って，このようなデータの質は経年劣化していく。それ故，データマイニングの前提条件であるデータマネジメントとデータク

リーニングを中心とする「分析用データを作成する領域」は，この劣化していくデータの質を管理していく諸活動であり，データ・サイエンスの中でも重要な領域であるとされている。そして，重要点を1つ挙げておくことにしよう。それは，このようなデータ操作及び加工の履歴を明確にし，保存しておくことである。この点はデータの質を維持することに必要不可欠であるためである。

そして，最後に重要なことは，このような分析用データには「必ず追求すべき変数の追加や変数構築が必要である」ということを強調しておくことにしよう。それは，経営課題や分析ニーズから導かれ，分析者の「知りたいこと」，「明らかにしたいこと」という問題の認識を基礎とする。

▍注

1 以下の説明は，各種ユーザーガイド，トレーニングコースのテキスト及び Wendler & Gröttrup（2016）などを参考とした。
2 具体的なストリームについては付録を参照されたい。
3 RFM 分析については第8章及び中村（2008）の第2章を参照されたい。
4 なお，これらについては第5章，第6章，第7章，第8章，第9章で説明する。
5 以下の議論は BI ソリューション総覧編集委員会（2009）を参考としている。また，基幹系システムなど情報システムについては，越出（1998），Monk & Wagner（2006），歌代（2007），Bradford（2008），Magal & Word（2012），宮川・上田（2014），Pelphrey（2015），遠山・村田・岸（2015）などを参照されたい。
6 Redman（2008）p.61 より。
7 Redman（2008）p.71 より。
8 喜田（2008）当時の実務界の研究会から JDMC 及び日本システム・ユーザー協会での研究会でも同様の議論をしている。この成果については，喜田・日本情報システム・ユーザー協会（2018）を参照されたい。
9 この点については，JDMC 出版の一連の書籍及び DAMA International（2006）を参照されたい。
10 各種ユーザーガイド，トレーニングコースのテキスト及び Wendler & Gröttrup（2016）などを参考とした。
11 Tan,Steinbach & Kumar（2006）において，データの質の検証には統計学的な手法を用いることを説明しており，第2章第2節を参照されたい。
12 データマイニングでのデータクリーニングについてのその他としては，Cody & SAS Institute（2008），Osborne（2013），Squire（2015），Buttrey & Whitaker（2017）などを参照されたい。
13 現実とデータが一致しない問題は ERP インプリメンテーションとして議論される。この点については，Magal & Word（2012）などを参照されたい。

第4章

データマイニングのビジネスでの活用領域

> **キーワード**
> データマイニングの領域（マーケティング管理，リスク管理），ビジネス・システムを意識する。顧客関係管理，商圏

はじめに

　第3章で述べたように，データマイニングに使用するデータを作成したとしよう。データマイニングを行うには，必要となるデータとともに，それを活用できる領域を知ることが重要である。データマイニングの活用領域については数多くの書物で議論されている[1]。

　また，最近ではデータ・サイエンスの活用領域としてとらえられている。そして，領域のみならず，経営課題という具体的な課題に落とし込む必要がある。この点は前章においてデータマイニングの台本の説明をする際に明らかにしたことである。その領域として大きく2つある(Cabena, etc., 1989)。1つは，顧客関係管理を中心としたマーケティング領域であり，もう1つは，不正検出，途中解約の予測を中心とするリスク管理である（図表4－1）。その他の活用方法については，第5章の図表5－9及び10を参照されたい。

　次に，ビジネス・システム全体を意識することを提示する。ビジネス・システム全体を意識することで，顧客関係管理の重要性が高まることを理解し

第4章 データマイニングのビジネスでの活用領域

マーケティング	リスク管理
データベース・マーケティング（1章） ターゲット・マーケティング（1章） 顧客関係管理（7章） マーケット・バスケット分析（9章） 併売分析，店舗設計（9章） マーケット・セグメンテーション（8章） DM・キャンペーンの予測（7章）	金融リスクの予測（6章） 保険契約の推進（6章） 品質管理（歩留まり） 不正検出 顧客の離反（顧客関係管理と関連する） →（7章）

図表4－1　データマイニングの活用領域

(Cabena, etc, 1989, p.27, 図6加筆修正)

た上で，顧客関係管理について説明する。その上で，データマイニングの活用領域を一言で言うと「商圏」を明らかにすることである。

I　マーケティング管理

　マーケット管理は最も確立されたデータマイニングの適用領域の1つである。最もよく知られている適用領域はデータベース・マーケティングである。この目的は，企業の顧客データを中心としたデータベースの分析を行い，対象（ターゲット）を絞ることで効果的なマーケティングと販売促進キャンペーンを展開することである。一般に，販売会社は，クレジットカード，ロイヤルティー（ポイント）カード，顧客の苦情電話を中心としたクレームなどいろいろなデータソースから，顧客の商品嗜好や生活様式に関するデータベースを構築することが可能となる。この社内保有情報を，生活様式調査などのソースから入手できる情報と組み合わせれば，有用な混合データができる。

　次に，第5章で説明するデータマイニングのアルゴリズムは，そのデータをふるいに掛け，すべてが同じ特徴（例えば，興味，収入レベル，及び消費習慣など）を共有する顧客セグメンテーション（グループ）を探し出すことができる。そのグループは明らかに販売努力を傾ける対象となる。これは，

顧客と販売会社の双方にとって有益である。すなわち，顧客は（不要な情報にわずらわされず）少ない広告メッセージで必要な情報を得ることができるし，販売会社は販売促進費用を節約できるとともに，キャンペーンへの反応率を向上させることができる。

　データマイニングの別の適用領域は，ある期間の顧客の購入パターンを予測・判別することである。例えば，リピーターか否かなどである。販売会社は，消費者の行動（家族が増えるにつれて，金融サービスを購入する順序，または車を買い替える方法など）に関して多くのことを予測・判別できる。その場合の戦略は，マーケットのシェアではなく，継続的な顧客関係を構築することであり，後述の顧客関係管理につながる。そして，独自の価値観，将来の見込み，及び習慣を持つ個人として，いっそう密接に顧客に焦点を合わせ，顧客を生涯的な投資対象として見るという方法は，ワン・ツー・ワンマーケティングまたはマーケット・セグメンテーションと呼ばれる。

　併売キャンペーン（商品を組み合わせる），マーケット・バスケット分析は，データマイニングが広く利用されている適用領域である。併売は，小売業者またはサービス提供者が，ある製品またはサービスを購入する顧客にとって，関連した製品またはサービスを購入することが有益であると思うようにする販売方法である。この方法は店舗設計にも関連する。また，最近では，Mitsa（2010）では，時系列データマイニングを用いて，イベント・マーケティングや顧客生涯価値のモデル構築などに用いられている。

　日本企業の事例については，池尾・井上（2008）は1社であるがマーケティング領域での活用法を説明している。

リスク管理

　リスク管理は，保険や投資に関連したリスクだけではなく，競争相手による脅威，製品品質の低下，あるいは顧客の離反（チャーン）などから生じ

る，幅広いビジネス上のリスクを含んでいる。リスクは，保険業において特に重要であり，データマイニングは，保険契約者の資産や傷害の損失を予測するのに極めて適している。そのような予測は，通常保険業者を支援するルールの基準となり，損失の危険度をもっと正確に把握できれば，保険契約の改善が可能になる。小売業では，ある特定の製品が競争相手の製品に比べてどれだけ劣るか，顧客の購入パターンの変化を把握するのに用いている。

銀行業での典型的な例は，第6章で提示する融資申し込み処理に際して，与信限度枠（リスク判定）を設定する領域である。また，保険業界及び金融業界では，不正検出の領域で用いている。

リスク管理特有の適応領域について説明してきたが，マーケティング管理とリスク管理の接点にあり，次に説明する領域と特に関連するのが，第7章で説明する顧客の離反（チャーン＝churn）である。チャーンとは，顧客を失うことであり，特に競争相手に奪われていくことを意味する。チャーンは競争が激化している市場でますます増えつつある問題である。データマイニングの活用によって，最初は通信業で，金融業，小売業などにおいて，顧客離反（チャーン）の可能性を予測している。一般的な方法は，第7章で提示するように，「浮気な」顧客（つまり，競争相手に鞍替えする可能性のある）のモデル（顧客リスト）を作成することである。例えば，携帯電話のキャリアを変更（ドコモから，ソフトバンクなど）するような顧客を予測する，などが挙げられる。

このような顧客離反という経営課題から特に注目されるようになり，マーケティング管理とリスク管理の両方の側面を持っているのが，顧客関係管理である。

Ⅲ　ビジネス・システム全体をイメージする

喜田（2010）では，ビジネス・システムでいうと，どちらかというと，

顧客接点である川下を中心にしている。そこで，本書では，ビジネス・システム全体をイメージすることで，この点の重要性を示すことにしよう[2]。

ビジネス・システムは図表4－2のようになり，川上（図の上）から価値連鎖が始まっている（加護野・井上，2004；加護野・山田，2016）。

このようなビジネス・システム全体を見てみたのち，各段階でのデータマイニングの活用を整理すると図表4－3になる[3]。

この図表のようにビジネス・システムの各段階でのデータ活用を整理することができるが，その効果は図表4－4のように，顧客起点で引き起こされる（Coyle, Bardi & Langley, 1996）。

この点は，ビジネス・システム全体を考慮したデータマイニングを行うには，顧客起点が重要であることを示しており，名寄せを含めた顧客関係管理の重要性を示している。

つまり，ビジネス・システムは顧客行動（市場）の理解を起点として最適化されるということである。そこで，次節では，顧客行動の理解に不可欠な

図表4－2　ビジネス・システム

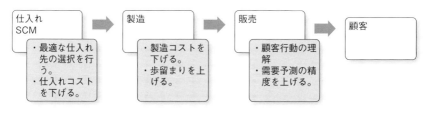

図表4－3　ビジネス・システムでのデータマイニングの活用

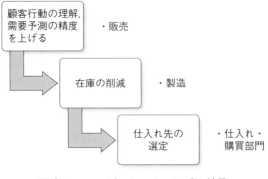

図表4－4　データマイニングの効果

顧客関係管理について説明することにしよう。

Ⅳ 顧客関係管理：CRM（customer relationship management）

　顧客関係管理がなぜ重要になったのかといえば，企業にとって顧客は誰なのかを確定することが困難になったからであり，この点が企業の成長や存続にとって必要不可欠であるからである。それでは，なぜ顧客が見えにくくなったのかといえばBauman（2000）が示唆するように，消費の個人化，もっと一般的に言うと，嗜好の多様化が推進したからである。また，顧客を取り巻く情報が過剰になったことも，結果的には顧客を見えにくくしている。

　顧客が見えにくい状況の下では，マス・マーケティングや通常の大量生産方式による新規顧客を獲得しているアプローチは効率的ではないと考えられている。

　顧客を一人一人異なるニーズ，もっと言うとdesire＝欲望を持つ存在とした上で最適なアプローチをとるというのが，顧客関係管理で必ず出てくる『ワン・ツー・ワン』である。この考えには，「新規顧客の獲得コストは既存

IV　顧客関係管理：CRM（customer relationship management）

顧客維持コストの5倍」，「20％の顧客が売り上げの80％を示す」という経験則が背景にある。

　このような考え方の下に顧客関係管理が重視されるようになったのである。顧客関係管理は商品やサービスを提供する企業が顧客との間に，長期的・継続的な「親密な信頼関係」を構築し，その価値と効果を最大化することで，顧客のベネフィットと企業のプロフィットを向上させることを目指す総合的な経営手法のことである。顧客管理には，次の3つの側面がある（喜田，2010）。

1）顧客個別対応

　CRM が騒がれ始めた1990年代後半には，「顧客の好みやニーズを正確に把握・理解し，それに応じて的確な商品・サービス提供を行うことで，顧客満足を高め，顧客ロイヤルティーを最大化し，顧客拡大及び顧客維持を図る」という"顧客個別対応の高度化"という面が強調された。これには「One to One マーケティング」などのコンセプトが影響している。データマイニングでの関係でいうと，マーケット・バスケット分析を基礎とした「リコメンデーション（おすすめ商品）」が挙げられる。

2）顧客分析

　"すべての顧客"に対する顧客満足向上促進は効率的ではないという点から，"優良顧客の差別化"としての CRM が登場する。これは，顧客データベースを分析して優良顧客を抽出し，キャンペーンなどを通じて潜在的な優良顧客を優良顧客に育てるといったマーケティング的視点が強調されている。

　もともと CRM は"顧客囲い込み"の視点が強いため，「データベース・マーケティング」，「リレーションシップ・マーケティング」などと直結する。ここでは CRM の「R＝リレーションシップ」は，企業と顧客の"情緒的な信頼関係"というよりは，"相互にベネフィットを認め合う合理的

な関係"ととらえられる。データマイニングでの関係でいうと，顧客の分類（マーケット・セグメンテーション）が挙げられる。この代表的な手法にRFM分析がある。

3）顧客チャネル統合：顧客起点のデータ統合

　以上の，顧客個別対応と顧客分析を可能にしようとすると，その基礎となるデータの保存形式などをCRMに対応させる必要がある。通常，企業においては顧客データを図表4-5のように，事業部・製品起点で貯蔵している。つまり，各顧客を事業部視点で把握しているのである。

　このような保存形式であると，事業部間及び部門間での情報共有の問題（データのサイロ化）を引き起こすことになる。この点を解決することの1つの手法がCRMである。

　CRMは"セールス，マーケティング，カスタマサービスなど顧客にかかわりのある部門間で情報を共有し，一貫性のない顧客対応を避け，効果的な顧客アプローチを目指すこと"である。これはセールス支援に限定されていたSFA（セールスフォースオートメーション）を顧客対応プロセス全体に広げたものといえる。さらに，CRMは，顧客からの要望やクレームを商品企画や設計，生産計画，つまり前述のビジネス・システム全体，にまで生かす，というコンセプトにまで拡張されている。

　すなわち，顧客や市場からのさまざまな情報を取り込み，その情報を分析・利用するための経営戦略システムの一部であり，顧客起点経営を出発点

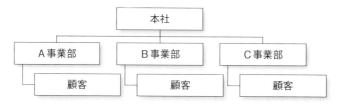

図表4-5　通常の，製品起点の顧客データの保存

図表4−6　顧客起点のデータ管理（データ統合）

となる仕組みを指している。これについては，データマイニングの基礎となるデータウェアハウスをどのように構築するのかと直結する。それは，顧客IDを基に顧客個人を起点にデータを統合する，管理することになる（図表4−6）。

　以上のような顧客関係管理（CRM）は，情報技術導入以前はセールスマンの勘に頼る部分が大きかった。しかし，情報技術導入後，データマイニングの活用とともに，データベース・マーケティングを生み出していった。

　そして，最近では，インターネットが顧客接点になりうることを強調するeCRMの概念が提示され，普及してきている。CRMでは，コールセンターを設置し，人員を配置する方法で顧客関係を維持することを中心としてきたが，人員配置などのコストがかかることや24時間対応できないなどの問題点から，eCRMが導入されることになった。eCRMは自社ホームページの作成などのインターネットを活用したCRMである。

　以上のような顧客関係管理などの顧客の理解は昨年くらいから注目を集めているカスタマーエクスピリエンス（顧客体験）の基礎となっていることを注記しておくことにしよう（Goodman, 2014；Kalbach, 2016）。

商圏を明らかにする

　このような顧客関係管理が重視されると，データマイニングは，見えない顧客を可視化すること，「商圏」を明らかにすることが大きな役割となる。商圏という言葉は聞きなれないかもしれないが，第1章で説明した経営戦

第4章　データマイニングのビジネスでの活用領域

略論で言われるドメインに近い概念である。このような抽象性を持つ「ドメイン」という概念をより，物理的に定義しようとするのが，「商圏」である（図表4－7）。商圏とは，当該企業がビジネスを行っている時間的，空間的範囲のことである。例えば，街の本屋さんの場合，お客は自宅からの徒歩圏，もしくは勤めている企業もしくは通学している学校の近くということが多いであろう[4]。

　このようにビジネスを行っている物理的空間を「商圏」と呼ぶが，より明確に示すと地域別の売上構成比がそれを示しているかもしれない。また，商圏を言い換えると，顧客層（顧客セグメンテーション）ともいえる。なぜ，このような商圏を確認することが重要であるのか，といえば，商圏の中で購買するお客を探すことになることからである。しかし，この「商圏」を当該企業が正しく理解しているということについて疑念がある，というのが，データマイニング研究者の共通認識であり，データマイニングを用いれば「商圏」を明らかにすることができるというのがその主張である（岡嶋，2006）。そして，データマイニングを用いた商圏の確認の代表的な事例として，ダイレクトメールやキャンペーンに反応する人を予測することや実際の購買活動からセグメンテーションを行うことなどが挙げられる。そして，もっと重要なことだが，このように物理的空間である「商圏」を一変させたのが，第9章で説明するロングテールビジネスである。

図表4－7　商圏のイメージ
（出所：喜田，2010）

おわりに

　本章では，データマイニングを用いる活用領域や経営課題について説明してきた。大きな活用領域としては顧客関係管理につながるマーケティング領域とリスク管理の領域を挙げた。その上で，ビジネス・システム全体を意識することから顧客関係管理の重要性を示した。最後に，データマイニングの活用領域を一言で言うと「商圏」を明らかにすることであるということについて説明した。また，本書は，時系列データマイニングと通常のデータマイニングの区別はしていない。しかし，時系列データマイニングを議論している Mitsa（2010）の第7章において興味深い活用領域及び活用法を提示していることを示唆しておくことにしよう。そこでは，前述したマーケティング領域以外では，ビジネス・システム全体での活用を検討すると，経営戦略論と直結するファイブフォースモデルの各要因の変化の予測とそれを基にした経営戦略及び競争戦略の改善，オペレーション・パフォーマンスの測定，サプライ・チェーン・マネジメント及びバリュー・チェーン・マネジメント，もっと言うと，ビジネス・システムの最適化，情報技術導入の成果を測定するモデルの構築等が挙げられている。これらは本書が意図するデータマイニングと経営戦略との関連付けを強化し，しかもより広範囲な活用領域を持つ可能性を示している。

　この点を理解した上で，次章では，これらの経営課題を解決するのに用いるデータマイニングのアルゴリズムについて説明することにしよう。

▌注

1　これらの点については，Cabena,etc.（1989），Berry & Linoff（2000），山鳥・古本（2001），矢田（2004），岡嶋（2006），Olson & Yong（2007），池尾・井上（2008），喜田（2010），Linoff & Berry（2011ab），Provost & Fawcett（2013），Nettleton（2014）などがある。
2　ビジネス・システムはバリューチェーン，バリューシステムとしても議論される。
3　その他については第4章前節を参照されたい。
4　岡嶋（2006）p.41 より。

第5章

データマイニングで用いるアルゴリズム：AI＝人工知能に向けて

> **キーワード**
> モデリング手法（予測・判別，分類，パターン発見），ニューラルネットワーク，決定木，クラスター化，アソシエーション，代表的なアルゴリズムと経営課題及び経営手法の関係

はじめに

　データマイニングを用いて経営課題を解決するには，モデリングという作業が必要となる。モデリングの位置付けについては，第2章を参照されたい。

　モデリングでは，各種アルゴリズムを用いながらモデル構築を行うことになる。そこで，本章では，まずモデリング手法の概説をすることにしよう。次にIBM SPSS Modelerで利用可能で，代表的なアルゴリズム，ニューラルネットワーク，決定木，クラスター化，アソシエーション・ルール，について説明する。そこでは，概説，用いる際の要件，長所と短所などについて説明する[1]。これらのアルゴリズムは他の代表的なソフトにも実装されている。そして，最後に，これらアルゴリズムをどのような経営課題に用いるのか，について示すことにしよう。

第5章　データマイニングで用いるアルゴリズム：AI＝人工知能に向けて

I　モデリング手法の概説

　データマイニングに用いるモデル構築のしかた，言い換えると，機能は大きく3つに分類できる[2]。
　①予測・判別
　②クラスター化：分類
　③アソシエーション（連関）；パターン発見
　①予測・判別モデリングは教師あり学習（目的志向マイニング）とも呼ばれ，入力フィールドの値を使用して出力フィールドの値を予測する。IBM SPSS Modeler で，機械学習である決定木（C&R ツリー，QUEST，CHAID 及び C5，1 アルゴリズム），ニューラルネットワーク，SVM（サポート・ベクター・マシン），Bayesian ネットワークなどがある。一方，統計的手法である回帰（線型，ロジスティック，一般化線型，Cox 回帰アルゴリズム）などがある。
　②クラスター化手法は，教師なし学習（探索的マイニング）とも呼ばれ，これには出力フィールドの概念がない。クラスター化手法の目的は，データを入力フィールドで類似するパターンを示すものどうしのグループに分類しようとすることである。IBM SPSS Modeler のクラスター化のアルゴリズムには，Kohonen ネットワーク，K-Means クラスター，TwoStep クラスター，異常値検出がある。
　③アソシエーション手法は一般化された予測モデリングと考えることができる。ここでは1つのフィールドが入力フィールドと出力フィールドの両方となることができる。アソシエーション・ルールは，ある特定の結果を1組の条件と関連づけ（連関）ようとする。IBM SPSS Modeler には，Apriori Carma という主要な2つのアソシエーション手法（アルゴリズム）がある。
　本書では，データマイニングで用いる可能性の大きい4つのアルゴリズムについて説明することにしよう。第1は，ニューラルネットワークである。

第2は決定木である。この2つは，ある変数についての予測・判別を行うのに用いることになる。第3のクラスタリング手法は顧客の分類，いわゆる分類を行うために用いられる。最後のアソシエーションはマーケット・バスケット分析等変数間の関連付けに用いることになる。本書では，これらアルゴリズムの数学的基礎について説明することを目的としない[3]。ただし，これらのアルゴリズムを利用する際にカスタマイズする必要があるときにはこれらの数学的基盤が有効である。現在では，そのアルゴリズム別に議論が進められ，進化している。

II　ニューラルネットワーク

　認知科学及び人工知能研究を見ると，ニューラルネットワークは脳の動きを模倣することで問題を解決する手法として認識されさまざまな理論が生み出されてきている（Thagard, 1996）。特に，脳神経科学においてである（安西・石崎・大津・波多野・溝口, 1992）。これらの議論を応用したのがニューラルネットワークであり，今日においては，これは強力なモデリング手法として一般的に知られている[4]。典型的なニューラルネットワークは，層に配置されてネットワークを構成しているいくつかのニューロンから構成されている。各ニューロンはタスクの簡単な一部分を行う処理要素と考えることができる。ニューロン間が接続されることで，データ間のパターンや関係をネットワークが学習できるようになる。ニューラルネットワークは図表5－1で示すことができる。

　ニューラルネットワークを使用して予測モデルを作成する場合，入力層にはすべてのフィールドが含まれて，結果を予測するのに使用される。出力層には出力フィールド，すなわち予測の対象が含まれる。入力フィールドと出力フィールドは，数値型ならびにシンボル型の両方を扱うことができる。IBM SPSS Modelerでは，ニューラルネットワークで処理する前に内部でシ

第5章　データマイニングで用いるアルゴリズム：AI＝人工知能に向けて

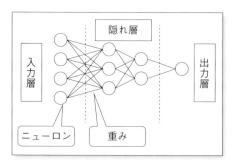

図表5－1　ニューラルネットワークの概念図
（出所：SPSS社トレーニングコース配布資料）

ンボル型フィールドを数値型に変換する。隠れ層にはニューロンがいくつかあり，ここではその1つ前の層からの出力を結合する。1つのネットワークには，隠れ層を3層まで含むことができるが，通常これらは必要最低限にしておく。ある層に含まれるニューロンはすべて，つぎの層にあるすべてのニューロンに接続される。

　ニューラルネットワークは，データと結果の間の関係を習得するが，これを学習と定義できる。完全に学習が終わったネットワークにおいては，新しい未知のデータを与えても，それまでの経験に基づいて意思決定や予測を行うことができる。

　IBM SPSS Modelerには，2種類の教師ありのニューラルネットワーク，マルチレイヤーパーセプトロン（MLP）と Radial Basis Function ネットワーク（RBFN）がある。なお，IBM SPSS Modelerでは，図表3－7のニューラルネットワークノードを用いる。

　MLPでは，隠れ層の各ニューロンが，1つ前のニューロンからの重み付けされた出力の組み合わせを入力として受け取る。1番最後の隠れ層のニューロンが組み合わされて出力を作成する。次にこの予測値が正しい出力値と比較され，これら2つの値の差（誤差）をネットワークにフィードバックすることで，このネットワークが更新されていく。このように誤差をネットワークにフィードバックして戻すことをバックプロパゲーションと呼ぶ。

以上がニューラルネットワークの説明であるが，簡単に長所と短所に触れることにしよう（Berry & Linoff, 1997）。

　この手法の長所としては，①広い領域の問題を扱える。②複雑な領域の問題であっても，ある一定の結果を生み出すことができる。③シンボル値，フラグ値，数値など幅広い変数の種類で用いることができる。④多くの市販のパッケージで利用可能である。などが挙げられている。一方短所としては①結果を説明できない。②早期に不適解に収束することがあるなどが挙げられている。このような長所と短所を考慮に入れて，ニューラルネットワークの適用について考察すると，モデルの働き（流れ＝プロセス）を理解するときよりもモデルの結果が重要なときこの手法が有効であると考えられる。なお，ニューラルネットワークに特化したデータマイニングについては，Bigus（1996）を参照されたい。

　最近注目を集めているディープラーニング（深層学習），具体的にはディープニューラルネットワークはこれを基礎にしている。その違いは隠れ層の数であり，8層になっている。

　その上で，このアルゴリズムを基礎にしている理由としては，変数の種類を選ばないために，統計学的知識があまり必要ではないということも挙げられる。統計学においては変数の種類は手法選択の問題に影響する。つまり，データの特性を理解していないと正しい統計的な手法を選択したことにならない，のである。それ故，このアルゴリズムはデータについての基本的知識がない状態，もしくは統計的な知識があまりない状態でも利用可能であり，誰でも使えるのである。この点が，現在の人工知能がこのアルゴリズムを基礎としている理由である。

III　決定木（ルール算出）

　ニューラルネットワークに対する批判としては，それが「ブラックボッ

ス」的であることである。つまり，そこで得られた予測の根拠を理解するのが困難であるからである。ルール算出は，このような問題を回避するための補完的な役割（意思決定を明らかにする）も果たす手法である[5]。

IBM SPSS Modelerには，決定木のアルゴリズムとしては，C5,1，C＆RTree，CHAID，QUESTなどがある。まず，2種類の決定木のアルゴリズム，つまりC5,1とC＆R Tree（より一般的にCART）等がある。その他，数多くのソフトで実装されているCHIAID等がある。なお，CARTについては第7章で説明することにしよう。IBM SPSS Modelerでは，図表3－7の各種決定木ノードを用いる。

どちらもディシジョンツリー（決定木）を生成し，結果（出力）フィールドとの関係に基づいて，データを個別のセグメント（部分）として記述していく。ディシジョンツリーの構造はルールの根拠をはっきりと示し，このためある特定の結果を導くまでの意思決定の過程を理解することができる。ここでは家を買うということについての決定木を挙げることにしよう（図表5－2）。

決定木がニューラルネットワークよりも優れているもう1つの点は，意思決定に関して重要ではないフィールドを自動的に除去する点である。これに対してほとんどのニューラルネットワークにおいては，入力をすべて使用する。これを利用すると有用な情報を提供すると同時に，ニューラルネットワークへ入力するフィールド数を減らすこともできる。

IBM SPSS ModelerのC5,1を使用すると，2つの形式で表示することができる。1つは決定木（ディシジョンツリー）で，予測フィールドがデータをどのようにサブセットに分割しているのか視覚化したい場合に便利である。ルールセットとして表現すると，決定木が，結果を導く一連の「IF－THEN」ルールとして表示される。ある特定の入力値のグループが結果のある値にどのように関係しているのかを理解したい場合はルールセットが便利である。以上が決定木の説明であるが，簡単に長所と短所に触れることにしよう（Berry & Linoff, 1997）。

Ⅳ　クラスター化

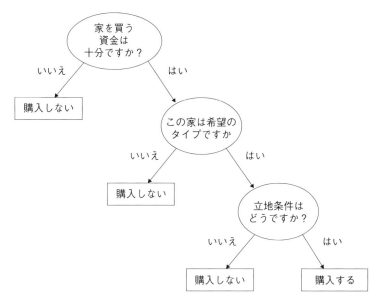

図表5−2　決定木の概念図
(出所：SPSS社トレーニングコース配布資料)

　この手法の長所としては，①理解可能なルールを作り出すことができる。これは，ニューラルネットワークと比較してという意味もある。②多くの計算を必要とせずに分類を行うことができる。③連続変数及びカテゴリー変数の両方を用いることができる。④予測や分類においてどの変数が最も重要かを明確に示すことができる，などが挙げられている。一方，短所としては長所に連続変数を用いることができるとしたが，決定木は連続変数の値の予測を目的とすることにはあまり適さないこと，等が挙げられている。

 クラスター化

　クラスター化手法は，似たような値もしくはパターンを持つデータレコー

ドのグループを発見するのに使用される[6]。

　これらの手法は，マーケティング領域（特に，顧客のセグメント化）に用いられる。IBM SPSS Modeler には，Kohonen ネットワーク，k－Means クラスター，TwoStep クラスターの3種類のクラスター化手法がある。なお，k－Means クラスター，TwoStep については，第8章で説明することにしよう。IBM SPSS Modeler では，図表3－9のノードを用いる。

　ここでは，Kohonen ネットワークについて説明する。なお，詳しくは Kohonen（2001）を参照されたい。Kohonen ネットワークはニューラルネットワークの一種で，教師なし学習を行う。これは，入力フィールドのパターンに基づいてデータをクラスター化するのに使用される。Kohonen ネットワークの基本的な考え方は似たような機能を持つパターンに基づいてクラスターを作成しているので，似たようなパターンがグループにまとめられていることである。通常，Kohonen ネットワークは，人工ニューロンが1次元あるいは2次元に配列している。各ニューロンは各入力（入力フィールド）に接続し，これらの接続の一つ一つに重み（重要度）が設定されている。各ニューロンの重みは分析に使用されるフィールドのクラスターのプロファイルを表している。Kohonen ネットワークには実際には出力層はないが，Kohonen マップには，出力として考えることのできるニューロンが含まれる。Kohonen マップの出力グリッドの概略を示すと図表5－3になる。

　Kohonen マップ（自己組織化マップ）ではレコードがグリッドに与えられると，その入力のパターンがこのグリッド内の人工ニューロンの入力パターンと比較される。この入力と最も似たパターンを持つ人工ニューロンがこの入力を勝ち取る，重視する。この結果，この人工ニューロンがこの新しい入力のパターンにより近くなるように，重みが変化する。Kohonen ネットワークは，入力を勝ち取ったパターンを持つ人工ニューロンの周りにあるニューロンの重みをわずかに調整する。この結果，入力データのレコードの位置に，最も似ているニューロンを動かし，またそれよりもわずかな量だがその周りにあるニューロンも動く。データがネットワークを何度も通過する

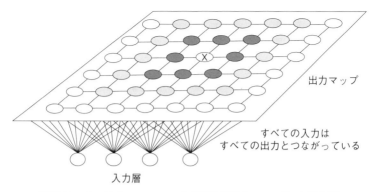

図表5－3　Kohonen マップ（自己組織化マップ）の概念図
(出所：SPSS 社トレーニングコース配布資料)

と，データ内のさまざまなパターンに対応した，レコードのクラスターを含むマップ（自己組織化マップ）が得られる。

　以上がクラスター化の説明であるが，簡単に長所と短所に触れることにしよう（Berry & Linoff, 1997）。この手法の長所としては，①探索的知識発見手法であるということである。つまり，データの内部構造について事前の知識がない場合でも，この手法が使えることである。②カテゴリーデータ，数値データ，テキストデータについて有効であること。③適用が簡単であることである。一方，短所としては，初期パラメータに対する感度が高いこと，結果のクラスターを解釈することができない場合があること，等が挙げられる。

　最近では，これらのアルゴリズムは Data Fusion（データ融合）に用いられている。そこでは，オープンソースのデータ（いわゆるビッグ・データ）を，自己組織マップや k−Means 等を基に類似性からデータを融合することが行われている（Veres & Eross, ed., 2017）。特に，IoT（Internet of Things）で重要となるソースが異なるセンサーデータの処理及び分析する手法が中心に議論され，具体的にデータを要約する，もしくは統合することに用いられている。

アソシエーション

アソシエーション・ルールはよく一緒に起こること（共起）をデータから発見しようとする[7]。それ故，アソシエーション・ルールの重要な役割はパターンを発見することである。発見されたルールは，ある特定の結果（結論）を1組の条件と関連づけを行う。結果フィールドは，規則によって異なるので，ユーザーはある特定の出力フィールドだけを重要視することはない。実際のところ，これらのアルゴリズムがルール算出よりも優れている点は，アソシエーション（連関）があらゆるフィールドの間に存在することである。アソシエーション・ルールに欠点が1つあるとすれば，パターンを探す対象となる空間が非常に大きい可能性があり，時間がかかる場合があることである。IBM SPSS Modelerには4つのアソシエーション・ルールを生成するアルゴリズムがあり，AprioriとGRI，Carma，シーケンスがある。シーケンスは時間軸を重視するような際に用いることになる[8]。

なお，IBM SPSS Modelerでは図表3−8のノードを用いる。これらのアルゴリズムのうち，代表的なのがAprioriであり，ここではこれについて説明することにしよう。

これらのアルゴリズムでは最初に極めて単純なルールから始める。その後，これらのルールに，より厳密な条件が課せられていき，これらのルールが複雑になる。最後に，最も興味深いルールが保存される。結果は次のように1組のセットとして表示される。

・結果＜＝前提条件1＆前提条件2＆前提条件3————
・結果＜＝前提条件1（レコード（サンプル）数，サポート，確信度）

以上がアソシエーションの説明である。このようなアソシエーションはデータマイニングの代表的な事例であるマーケット・バスケット分析に用いられる（Berry & Linoff, 1997）。マーケット・バスケット分析とは，購買データ（POSデータ等）を基に顧客の買い物籠（マーケットバスケット）

にどのように商品が購入されているのか，を分析する手法である[9]。それによって，商品の並び方，広くは店舗設計や併売商品の決定などに用いる。なお，このような手法はレコメンドシステムの構築に用いられる。レコメンドシステムにおいては，その商品を買った人が次にどのような商品を買っているのか，というデータを基に，この商品を買った人に対して，その商品をレコメンド（推奨）する。このような事例として有名なのが，各種書店（紀伊國屋，アマゾンなど）やソフト小売業（ソフマップなど）のレコメンドシステムである。マーケット・バスケット分析に関する議論から，この手法の長所と短所とを考察することにしよう（Berry & Linoff, 1997）。この手法の長所としては，①結果が明確に理解できる。②探索的なデータマイニングができる。などが挙げられる。一方短所としては，①データの属性について限定的にしか扱えない。なお，この方法はシンボル値しか扱えない[10]。②適切なアイテム数（商品数）の決定が困難である[11]。③まれにしか購買されない商品については説明できない，などが挙げられる[12]。ただし，最後の短所についてはモデル構築において操作でき，この点については第9章で説明することにしよう。

　以上がマイニングで用いられるアルゴリズム（モデリング手法）の概説である。最後に，最新のIBM SPSS Modelerでは第3章で示したように数多くのアルゴリズムが装備されている。その上で本書のアルゴリズムは各モジュール・機能（予測・判別，分類，パターン発見）に属している。アルゴリズムの説明を終える前に，データマイニングで最もよく用いられるアルゴリズムについては，Wu & Kumar（2009）を取り上げることにしよう。そこでは，よく用いられるトップ10位のアルゴリズムを説明しており，以下の順位となっている。①決定木（C5, 1）の前のバージョンであるC 4.5，②本書でも挙げたクラスタリングアルゴリズムであるK－Means，③予測・判別に用いるSVM（サポート・ベクター・マシーン），なお，これには判別に用いるSVC（判別アルゴリズム）と予測に用いるSVR（回帰アルゴ

リズム）で構成されており，SPSS Modeler では実装されている。④本書でも取り上げたパターン発見に用いる Apriori，⑤ EM（類似性発見，パターン認識），⑥ウェブログの分析に用いる PageRank，⑦画像分析にも用いることのできる AdaBoost，⑧クラスタリングアルゴリズムである k-Nearest Neighbor，⑨ベイジアン的な統計学を基礎とする判別アルゴリズムである NaiveBayes，⑩決定木の一種である CART（本書の表記では C&RTree）である。また，彼らはこれらのアルゴリズムについて詳しく説明している。

代表的なアルゴリズムと経営課題及び経営手法

最後に，これらのアルゴリズムと経営課題及び経営手法との関係も明示す

経営課題	領域	アルゴリズム
解約者及び離反者の予測	リスク管理，CRM	・ニューラルネットワーク ・決定木
不良債権者の予測	リスク管理	・ニューラルネットワーク ・決定木
DM及びキャンペーンに反応する人の予測	CRM，マーケティング	・ニューラルネットワーク ・決定木
戦略重点の予測；戦略仮説の構築	経営戦略	・ニューラルネットワーク ・決定木
優秀なセールスマンを予測 人事評価	組織行動，人事	・ニューラルネットワーク ・決定木
従業員のクラスター化 企業文化の理解	組織行動，人事	・Kohonen ネットワーク
顧客のクラスター化（セグメンテーション）	CRM，マーケティング	・Kohonen ネットワーク
マーケット・バスケット分析	CRM，マーケティング	・Apriori
併売活動，レコメントサービス	マーケティング	・Apriori
店舗設計	販売管理	・Apriori

図表5-4　代表的なアルゴリズムと経営課題及び経営領域

（出所：喜田，2010）

Ⅵ 代表的なアルゴリズムと経営課題及び経営手法

業　　　界	適用領域（課題）	機　　　能
金融	株価予測 倒産予測 利率予測, 滞納者探知 不正検出 不良債権予測 信用評価 ポートフォリオマネジメント リスク分類（割り当て） 金融顧客分類 社債レーティング	予測 予測及び探知
通信業界	チャーンマネジメント 不正探知	予測及び探知
販売流通	マーケット・セグメンテーション 併売活動 レコメンデーション	分類 アソシエーション
ウェブ	ユーザーの共通性分析	分類
その他	保険不正検出 保険申請予測 ソフトウェア支出予測 訴訟評価	予測及び探知

図表5－5　業界別利用法

(出所；Olson & Yong, 2007, p.57, 図表4－3加筆修正)

ることにしよう。図表5－4より，実務界どのような領域またはどのような経営課題にデータマイニングを用いることができるのかが明らかになる[13]。また，最近ではデータ・サイエンスの活用領域としてとらえられている。なお，太字で記載しているものは著者が用いることが可能であると考えている領域である（図表5－4）。また，Mitsa (2010) 等の時系列データマイニングによる利用法を提示しており，経営戦略論を含めて幅広い経営課題に対処することが議論されている。なお，この点については，前章を参照されたい。

次に，業界別の利用は，図表5－5のように整理することができる。

図表5－5は，どのような業界にどのように用いているのか，を挙げている。

	予測・判別 ニューラルネットワーク，決定木	分類 Kohonen ネットワーク	関連付け アソシエーション
モデル作成の準備 (データ型の編集)	出力（予測する）の変数を選択する。	出力と入力の区別がない。出力がない。	出力と入力の両方
モデル（ルール）の理解	・予測するのに重要な変数は何か。 ・その予測はどの程度正しいのか。(推定精度)	・何を基準に分類しているのか。 ・そのセグメントにどの程度のサンプルがあるのか。 ・その分類軸がどの程度重要なのか。	・前提条件と結果から分かる。 ・どの程度の確信度があるのか。 ・どの程度の一般性があるのか。
根拠	予測の根拠を知る		
モデルの評価	本当にそのアルゴリズムで正しいのか。		

図表5－6　モデル構築での手順

(出所：喜田，2010)

おわりに

　ここでは，データマイニングに用いられるアルゴリズム（モデル構築方法）について説明してきた。ニューラルネットワーク，決定木，クラスタリング手法，アソシエーションである。そして，最後に，経営課題との関係を見てきた。このように見てみると，データマイニングには，3つの機能があることが分かる。第1は，予測である。第2は，分類であり，最後が，関連付け；パターン発見である。

　以下の章では，これらの機能別に各事例を挙げることにしよう。最後に，このようにデータマイニングではモデル構築を行っていくがモデル構築では以下のような共通する手順があり，それをまとめると図表5－6になる。共通する部分を太字で記載している。

　なお，各モデルでの作業手順については，各章で説明する際に詳しく説明することにしよう。

▌注

1. 各種ユーザーガイド，トレーニングコースのテキスト及び Wendler & Gröttrup（2016）などを参考とした。
2. Tan, Steinbach & Kumar（2006）では，データマイニングの機能を2つに分類している。第1は，予測・判別であり，第2は，記述的機能である。後者にここでいう，分類，パターン発見等が含まれる。その上で，データマイニングが持つデータの可視化という機能にも注目しており，グラフ化などを中心に議論している。この点はデータマイニングの段階でいうと『データの理解』に含まれる。
3. データマイニングの数学的基盤については，Giudici（2003），Larose（2004）Tan, Steinbach & Kumar（2006）及び加藤・羽室・矢田（2008），Tan, Steinbach & Kumar（2013）を参照されたい。
4. Bigus（1996），Berry & Linoff（1997）第7章及び Linoff & Berry（2011b），Tan, Steinbach & Kumar（2006）pp.225-246, Tan, Steinbach & Kumar（2013），Wendler & Gröttrup（2016）pp.844-878 を参照されたい。
5. 詳しくは Berry & Linoff（1997）第6章, Linoff & Berry（2011b），Tan, Steinbach & Kumar（2006）pp.150-168, Tan, Steinbach & Kumar（2013），Wendler & Gröttrup（2016）pp.917-939 を参照されたい。
6. 詳しくは，Kohonen（2001），Berry & Linoff（1997）第4章及び Linoff & Berry（2011a），Tan, Steinbach & Kumar（2006）第8章及び pp.594-599, Tan, Steinbach & Kumar（2013），Wendler & Gröttrup（2016）pp.587-712 を参照されたい。
7. 詳しくは Berry & Linoff（1997）第2章及び Linoff & Berry（2011b），Tan, Steinbach & Kumar（2006）第6章，Tan, Steinbach & Kumar（2013）を参照されたい。
8. 詳しくは Tan, Steinbach & Kumar（2006）pp.429-441 を参照されたい。
9. これらについては第9章で説明する。
10. マーケット・バスケット分析では，第3章で示したように，購買されれば1，購買されなければ0というフラグ型（バイナリー）のデータを用いることになる。
11. この点はテキストマイニングにおいても適切なカテゴリー数もしくは言葉の数の決定が困難であることにも関連する。
12. これらの点については，第9章で説明する。
13. これらの点については，Cabena, etc.（1989），Berry & Linoff（2000），山鳥・古本（2001），矢田（2004），岡嶋（2006），Olson & Yong（2007），池尾・井上（2008），喜田（2010），Linoff & Berry（2011ab），Provost & Fawcett（2013），Nettleton（2014）などがある。

第6章

ニューラルネットワークで与信管理をする

> **キーワード**
> 金融機関による顧客の個別化，競争戦略，与信枠設定，金融リスクの予測

はじめに

本章と次章で，データマイニングの代表的機能である「予測する」について，事例及びモデルの構築方法，モデルの意味の解釈方法などを中心に説明することにしよう。本章では，ニューラルネットワークを用いての予測について説明する。そこで，予測する，という機能についての事例とアルゴリズムの関係について，再掲することで確認する（図表6－1）。

図表6－1のような経営課題に用いられる。そこで本章では，金融機関で

経営課題	領　　域	アルゴリズム
解約者及び離反者の予測	リスク管理，CRM	・ニューラルネットワーク ・決定木
不良債権者の予測 リテールバンキング	リスク管理	・ニューラルネットワーク ・決定木
DMに反応する人の予測	CRM，マーケティング	・ニューラルネットワーク ・決定木
キャンペーンに反応人の予測	CRM，マーケティング	・ニューラルネットワーク ・決定木

図表6－1　ニューラルネットワークと決定木（予測する）の活用領域

(出所：喜田，2010)

の顧客の個別化と金融リスクの予測を行った事例を見てみることにしよう。

本章で挙げる予測の方法については,共通する手順がある（図表5－6）。それは，モデル構築，モデルの理解，モデルの評価という順序でデータマイニングのプロジェクトを進めることである。そして，重要なことなのだが，このように作成されたモデルは，よりよいモデルを構築するために，複数のアルゴリズムを併用することである[1]。また，本書で用いているデータは参考文献などを基に作成したものでフィクションである。ただし，実際のビジネスの場面ではこれらのデータ作成の方法は有効であり，実際本書で挙げるようなデータを用いることになると考えられる。また，本書ではソフトの使い方よりどのようなデータを用いて，どのような結果を得られるのか，またその結果をどのように使うのか，に注目するために，ストリーム（プログラム）については付録を参照されたい。

I 金融機関による顧客の個別化の事例

前章で説明したように，データマイニングを活用する業界として最も導入が進み，多くの活用事例を持っているのが金融業界である[2]。

金融機関（特に，銀行）では，金融市場（株式市場，外国為替市場，債券市場など）の予測にのみならず，何が顧客に購買動機を持たせるのか，また，何が顧客関係管理に影響するのか，を把握するのにデータマイニングを活用してきた。なお，ニューラルネットワークを用いた金融市場の予測については，月本（1999）を参照されたい。

ここでいう金融機関には欧米が中心であり，日本の金融機関はほとんどない。欧米の金融機関では，リーテルバンキング（顧客の個別化）を中心とする金融商品の開発を主とするという背景がある。

このような点は，第1章で説明した経営戦略論での競争戦略の違いを理解する必要がある。代表的な競争戦略の種類には3種類がある（Porter,

108

1985)。コストリーダーシップ戦略，差別化戦略，集中戦略である。

- コストリーダーシップ戦略とは，競合他社より低いコストを実現することで，より優位な立場を獲得している状態，あるいはそのための戦略である。
- 差別化戦略とは，競争業者に比べて，買い手に対して価格以上の価値を提供する経営戦略である。基本機能は同じであっても，斬新なデザイン，ブランドイメージ，広告などによって，その製品・サービスなど，価値活動の一部が優れているということを強調する。
- 集中戦略とは，ある特定の商品，セグメントに経営資源を集中し，参入障壁を利用した独占的な地位を確立する戦略である。

この3つの競争戦略からみると，欧米の金融機関は差別化戦略を中心としている，一方で日本の金融機関はコストリーダーシップ戦略を中心とし，シェアの拡大を目指す傾向がある。なぜなら，金融機関は初期投資，例えば，店舗設置などのコスト，などが大きく，預金量の増大（シェア拡大）がコストを低減させるという規模の経済が働きやすいからである（蝋山, 1982）。

このような競争戦略上の違いは，顧客に対する考え方においても違いを生み出し，欧米の金融機関は顧客の個別化，個別対応をすることを中心とし，日本の金融機関は顧客の違いをサービスに反映させないという傾向を生んでいると考えられる。例えば，日本の金融機関では，誰が借りても金利は同じである。しかし，欧米の金融機関では，顧客を分類したり，与信限度枠を設定したりすることで，顧客別に金利が設定されるということである。そして，このような顧客別の商品開発の基礎にデータマイニングが用いられており，その結果が各銀行，金融機関の戦略上，商品上，サービス上の特徴を生み出しているといえる。ただし，このような戦略には1つの課題がある。それは，リーマンショックに始まるサブプライムローン問題をみれば明らかである。Redman（2008）では，サブプライムローン問題は金融機関でのデータの質が悪いことが原因であるとし，データマネジメント（データの質

の確保）が重要であることを示唆し，その上でデータマイニングが行われるべきであるとしている。このようなデータマイニングに関する問題点もあるが，金融機関にとってより重要な点は「貸してよい人（優良な債務者＝リスクの低い債務者）」，「貸して悪い人（不良債務者＝リスクの高い債務者）」を予測・判別することであるといえる[3]。つまり，金融機関が顧客の個別化（リスクの程度によって与信枠（借入金額）や金利を設定する等）を軸とする戦略を重視するのであれば，次の節で説明するような方法が必ず必要になるのである。そこで，以下では，本書では，金融機関での不良債権者の予測の真似をしてみることにしよう。

II 与信管理をする

　ここでは，金融機関でのデータを用いて不良債権者（貸し倒れリスクの高い人）を予測する。なお，ここで用いたストリームは付録を参照されたい。
　そのために用いるのが，第3章で提示したようなデータである（図表6－2）。ここには，年齢などの顧客属性に関するデータとリスク推定に関するデータが含まれている。
　図表6－2のようなデータを基に，ニューラルネットワークを用いて，不良債権者を予測することになる。IBM SPSS Modeler では，ニューラルネットワークモデルを構築するにはニューラルネットワークノードを用いる。なお，ここでは，デフォルトのアルゴリズムの設定を使用する。つまり，IBM SPSS Modeler においては，モデル構築のためにオプションが用意されており，その時々でアルゴリズムの設定を変更することになる[4]。なお，この点については，ほかのアルゴリズムも同様である。ニューラルネットワークノードはモデル作成パレットにある（図表3－8）。
　このノードを用いる用件があり，その用件としては，変数の種類に特に制限はなく，数値型（定量的変数），シンボル値型（性別など定性的変数），

ID	年齢	年収	性別	持ち家	他債務	婚姻状況	貯金	RISK
100756	44	59944	男性	有	0	既婚	1	LOW
100668	35	59692	男性	有	0	既婚	1	HIGH
100416	34	59463	男性	有	1	既婚	1	HIGH
100590	39	59393	女性	有	0	既婚	1	LOW
100702	42	59201	男性	有	0	既婚	1	LOW
100319	31	59193	女性	有	1	既婚	1	LOW
100666	28	59179	男性	有	1	既婚	1	HIGH
100389	30	59036	男性	有	1	既婚	1	LOW
100758	38	58914	男性	有	1	既婚	1	MID
100695	36	58878	女性	有	0	既婚	1	MID
100769	44	58529	男性	有	0	既婚	1	HIGH
100414	34	58026	男性	有	0	既婚	1	LOW
100354	32	57718	男性	有	1	既婚	1	MID
100567	38	57683	女性	有	1	既婚	1	HIGH
100728	28	57623	男性	有	1	既婚	1	HIGH
100665	41	57520	女性	有	0	既婚	1	HIGH
100730	43	57388	女性	有	0	既婚	1	HIGH
100412	34	56891	男性	有	1	既婚	1	MID
100374	33	56849	男性	有	1	既婚	1	LOW
100566	38	56590	男性	有	0	既婚	1	HIGH
100421	34	56486	男性	有	1	既婚	1	MID
100670	41	56470	男性	有	0	既婚	1	HIGH
100379	33	56087	男性	有	0	既婚	1	MID

図表 6 − 2　必要なデータ

（図表 3 − 20：金融機関用データ再掲）

またはフラグ型（0.1）の入出力を処理できる。ニューラルネットワークノードには，方向が入力のフィールド（独立変数）と出力のフィールド（従属変数）がそれぞれ 1 以上必要である。今回はリスクに関する予測を行っているので，リスクのフィールドの方向を入力から出力に変える。その結果，次のような編集画面になる（図表 6 − 3）。なお，モデル作成に用いない，もしくは関係のない顧客番号（ID）などはなしに変更する。この点は，決定木，クラスター化，アソシエーション等のアルゴリズムでも同様である。

その結果，図表 6 − 4 で示されるニューラルネットワークが作成される。

次に，この学習されたニューラルネットワークの内容を確認する（図表 6 − 4）。そのモデルの上で右クリックすると，次のような画面で出てくる。このポップアップメニューの中で，ブラウズをク

第6章 ニューラルネットワークで与信管理をする

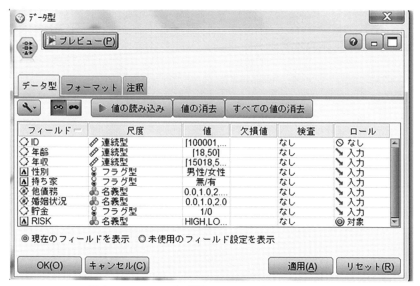

図表6－3　モデル構築のためのデータ型の編集

図表6－4　学習されたニューラルネットワーク

リックするとこのモデルの内容を確認することができる（図表6－5）。なお，この方法は次に説明する決定木でも同様である。

　このように学習されたニューラルネットワークは，金融リスクの予測モデルとして用いることができる。そこで，ブラウズすると，モデルの要約を得ることができる。

　モデルの要約では，対象，モデル，推定制度などを得ることができる。推定精度とは，これは正確に予測されたデータセットの割合を示している。70.7％での精度で予測されていることが分かる。

　そこで，このモデルの内容を詳しく見るのは，下のタブをクリックする

Ⅱ　与信管理をする

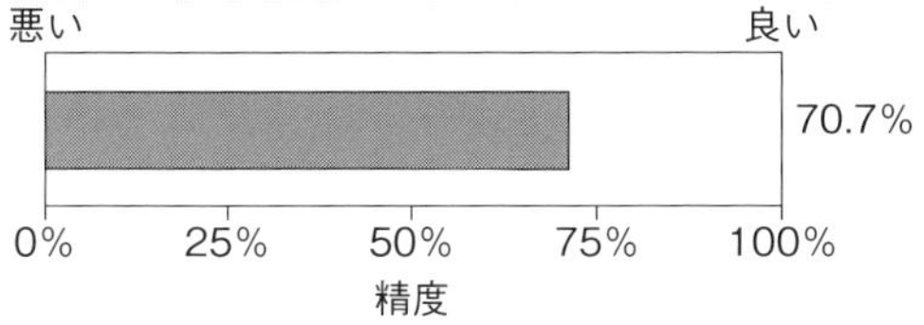

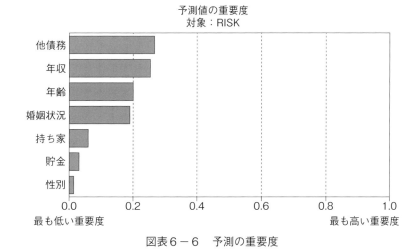

図表6-5　金融リスクの予測モデル

図表6-6　予測の重要度

と，上のように，入力（独立変数）のどれが重要かを示す図表が示される（図表6-6）。重要度の値は，0.0から1.0の範囲の値をとる。

この分析結果では，他債務，年収，年齢，結婚しているかどうか（婚姻状況）の順に重要であるということが分かる（図表6-6）。その結果を基に金融リスクを予測し，顧客別もしくは金融リスクのセグメント別（HIGH，

113

第6章　ニューラルネットワークで与信管理をする

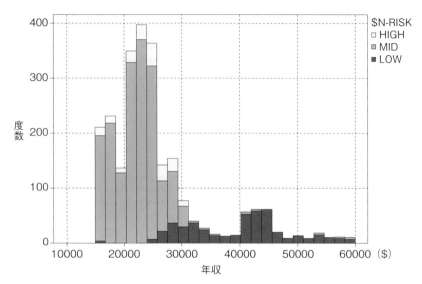

図表6-7　年収による予測の根拠

MID, LOW）に与信限度枠や金利を設定することが可能になる。例えば，HIGHと予測されていれば，与信限度枠は低く設定し，金利を高くするなどである。反対にLOWと予測されていれば与信限度枠は高く設定し，金利を低くするなどである。このような顧客ごとでの細かいサービス展開によって，各金融機関がより顧客関係を重視したビジネスが可能になるのである。

おわりに：予測の根拠を示す

　本章では，ニューラルネットワークを用いて，予測を行うことを説明してきた。そこでは，代表的な事例である金融機関の不良債権者の予測，つまり，与信限度枠の設定についての事例を見てきた。その背景として，金融機関の顧客の個別化があることについても触れた。

　最後に，ニューラルネットワークの問題点を挙げると，その予測の根拠が明確でないことであり，そこで，予測の根拠を明らかにする方法は，重要であるとされる年収とリスクの関係を示すグラフを作成することにしよう。そ

の結果が図表6－7である。

　このように，高リスクとして予測しているのが低年収であることが分かる。

　次章では，予測を行うことができるもう1つのアルゴリズムである決定木を用いることについて説明することにしよう。

▌注

1　予測・判別を行うためのアルゴリズムについては，付録を参照されたい。また，予測という機能については，詳しくは Tan, Steinbach & Kumar（2006）第4章及び第5章を参照されたい。その上で，これらのアルゴリズムを用いてモデルを作成し，比較することになる。なお，比較方法については，本書第7章を参照されたい。
2　この点については，図表5－5を参照されたい。
3　最近消費者金融業に対する規制（改正貸金業法）が強化されたことも，この一部の流れではないか，と考えられる。具体的には年収による総量規制などである。
4　各種ユーザーガイド，トレーニングコースのテキスト及び Wendler & Gröttrup（2016）を参照されたい。

第7章

決定木で乗換モデルを作る

> **キーワード**
> チャーン，イノベーションの普及，顧客関係管理，「機器渡り鳥」，チャーンマネジメントと顧客関係管理，途中解約者の予測，消費者行動モデル，ダイレクトメールに反応する顧客の予測（キャンペーンマネジメント），モデルの比較（より良いモデル構築に向けて）：アルゴリズム選択

はじめに

　本章では，決定木を用いての予測について説明する。その際，決定木などの予測モデルで代表的な乗換：途中解約；顧客離反（チャーン）の事例を説明することにしよう。まず，チャーンについての理論的な議論から顧客関係管理との関係を説明し，その次にデータを用いて予測モデルの構築とそのモデル内容を明らかにする。決定木はその名にもあるようにある顧客の意思決定のプロセスを示す点から，消費者行動論のモデルとの関連を示唆する。次に，予測の用いるその他の経営課題であるダイレクトメールに反応する顧客の予測について説明する。最後に，予測モデルの特徴である2つのアルゴリズム（ニューラルネットワークと決定木）の併用・比較及びアルゴリズムの選択について説明することにしよう。

第 7 章　決定木で乗換モデルを作る

I　チャーン，イノベーションの普及，顧客関係管理

「乗換」「途中解約」（Churn）は電気通信業界で使われている用語である。乗換は，強制的乗換（非自発的乗換）と自発的乗換の2つに分類される。強制的乗換は，請求金額の滞納が大きな原因となる。強制的乗換を予測することは，通信業界での不正検出などを基に予測されるが，このような予測は重要である。なぜなら，料金を支払わない，もしくは不正を行う顧客にキャンペーンを行うというような無駄な資源を投入しなくてよいからである。自発的乗換は強制的乗換ではない乗換のすべてであり，次の場合がそれに当たる[1]。

・サービスエリア外に引っ越した場合
・死亡した場合
・経済的に電話を維持できなくなった場合
・他の業者に引き抜かれた場合
・新しい機器に敏感な顧客（機器渡り鳥）

以上の5つであり，チャーンマネジメントとの対象となるのが，他の業者に引き抜かれる場合と，新しい機器に敏感な顧客に対してである。そして，最後の顧客は「機器渡り鳥」と呼ばれている[2]。

最も多く他の業者に引き抜かれるのが新規顧客に既存顧客よりも多くのメリットを提供する場合である。例えば，新規加入に関しては機材を無料にすることやキャッシュバックをすること，またある種の特典を付けることなどである。それ故，この業界では，今の契約を解約して新たに他の業者に加入しなおす既存顧客が存在するようになったのである。

このような現象は，日本の携帯電話業界などにおいても見られる現象である。

これらの問題に対しては既存顧客向けのサービスの拡充を行うことが重要になる。また，自社のサービスの遡及点と顧客のニーズがマッチしていない

ことが重要になると考えられる。ここまでの点については，通信業界においても乗換・途中解約モデルを予測することは比較的簡単であるとされる。それ故，本書においてもこのような乗換・途中解約についてのモデル構築などを説明するが，最後の「機器渡り鳥」の存在が途中解約を予測する上で重要な論点であり，予測が困難な可能性がある。機器渡り鳥は技術的・機能的な点からのチャーンである。例えば，新たな機能が追加されたとか，新たな技術が導入されていることを理由に途中解約を行う。顧客に対して新たな遡及点（イノベーション）を提示した際に起こる途中解約であり，企業にとっては最も厄介な存在である。

1）イノベーションの普及からみた「機器渡り鳥」

そして，このような機器渡り鳥について説明する場合参考となるのが，Rogers（2003）でのイノベーションの普及に関するモデルである。ここでイノベーションの普及としているが，新しい商品やサービス，技術や知識，ライフスタイルなどが登場したときに消費者がどのように受容し，消費に結びつくのかである。そこで，彼は，イノベーション（まだ普及していない新しいモノやコト）がどのように社会や組織に伝播・普及するのかの実証的研究を行い，採用時期によって採用者を5つのカテゴリーに分類している。

- イノベーター（革新的採用者）
  冒険的で，最初にイノベーションを採用する。
- アーリーアダプター（初期採用者）
  自ら情報を集め，判断を行う。多数採用者から尊敬を受ける。
- アーリーマジョリティ（初期多数採用者）
  比較的慎重で，初期採用者に相談するなどして追随的な採用を行う。
- レイトマジョリティ（後期多数採用者）
  うたぐり深く，世の中の普及状況を見て模倣的に採用する。
- ラガード（採用遅滞者）
  最も保守的・伝統的で，最後に採用する。

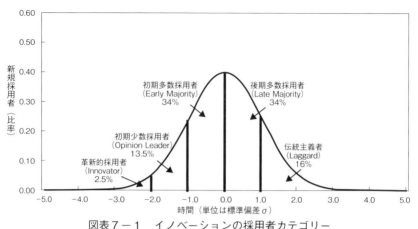

図表7－1　イノベーションの採用者カテゴリー

(出所：Rogers, 2007, p.229, 図5－3加筆修正)

その採用分布を時間経過とともに図にすると図表7－1になる。

そして，このような曲線は商品のライフサイクルと直結すると考えられ，特にマーケティング領域では重要とされている[3]。そこで，機器渡り鳥をこのカテゴリーに当てはめると，第2のアーリーアダプターである。アーリーアダプターは新しい商品やサービス，技術や知識，ライフスタイルなどが登場したとき，早い段階でそれを購入・採用・受容する人々（層）のことである。彼の普及モデルにおいてアーリーアダプターが最も重要であるとされる。革新性という点ではイノベーターが一番高いが，極めて少数である上に価値観や感性が社会の平均から離れすぎており，全体に対する影響力はあまり大きくない。それに対してアーリーアダプターは社会全体の価値観からの乖離が小さく，そのイノベーションが価値適合的であるかどうかを判断し，新しい価値観や利用法を提示する役割を果たす存在となる。

そして，彼の普及理論ではイノベーターとアーリーアダプターを合わせた層に普及した段階（普及率16％を超えた段階）で，イノベーションは急激に普及・拡大するとしている。そのためこの層は，「オピニオンリーダー」，「インフルエンサー（影響者）」，「マーケットメーカー」ともいわれ，マーケティング論で重視されてきた（Kotler & Keller, 2006）。

Ⅰ　チャーン，イノベーションの普及，顧客関係管理

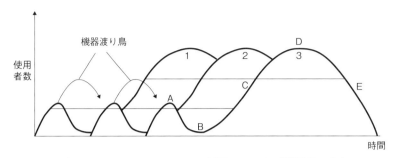

図表7－2　イノベーションの採用からみた「機器渡り鳥」
(出所：Mattison (2001), p.58, 図4－5加筆修正)

　このように，イノベーションの普及に重要な役割を果たすアーリーアダプターであるが，Mattison (2001) によると，機器渡り鳥となりやすく，乗換・途中解約する可能性が高くなるとされる。彼は当該企業にとって，機器渡り鳥は図表7－2のように図示できるとしている。

　図表7－2から，1の技術のアーリーアダプターは2の技術にチャレンジする，また2の技術から3の技術にチャレンジする際に，その企業にとっては一時期的にユーザーが減少することを示している。つまり，アーリーアダプターは新たな技術を導入するということはその企業からチャーンであり，その企業にとどまっていない可能性があるということを示している。つまり，当該企業にとってアーリーアダプターは両刃の剣なのである。特に技術変化の激しい通信業界にとって重要な問題となるであろう。また，このような機器渡り鳥の存在を知ることはMoore (1999) が言う，イノベーションの普及には溝（キャズム）があることを説明するのに用いることができる。

2）チャーンマネジメントと顧客関係管理

　チャーンの問題は，誰が，どのような顧客のタイプが乗換・途中解約するのかを予測する乗換・途中解約モデルを構築することになる。途中解約モデルには，3つの段階的な目標がある（Berry & Linoff, 2000）。短期的な目標

として，乗換の可能性の高い顧客リストを作成することである．本書では，この目標に即した乗換モデルを作成する．中期的な目標として，効果的な乗換モデルを構築して，乗換管理システムを操作することであり，モデルを管理すること，データの更新，等を必要とする．最終的には自動化することを目標とする．そして，最後の目標として，より完全な形で顧客関係管理を行うことである．つまり，チャーンマネジメントの最終目標は顧客関係管理に直結するのである．

このように見てみると，顧客関係管理とチャーンマネジメントとは同じように考えられるが，顧客関係管理は「既存の優良顧客」を対象にするのに対して，チャーンマネジメントはある意味では優良でない顧客を対象とする可能性があることを示唆している．また，企業と顧客との関係としては，顧客関係管理ではリピーターであり，企業との関係がある程度出来上がっているが，チャーンマネジメントでは，あまり関係としては出来上がっていないところがあるということである．それ故，チャーンマネジメントは，他の業者の競争状態に近いところで，顧客獲得をしていると考えられ，特にビジネスにとって重要であると考えられるのである．そして，もっと広く言うと，同業他社に奪われる顧客もチャーンとしてとらえることができるのである．

このようなモデルやシステムを構築することは通信業界以外，例えば，保険業界，ホテルチェーンやスポーツジムなど会員制のサービス業，インターネットプロバイダ，学習塾など教育機関等にも適用可能であり，今後ますます重要性が高まると考えられる．

チャーンマネジメントは，リテンションマネジメント（顧客を維持するマネジメント）とも呼ばれている．

チャーンマネジメントの段階としては，まず，データマイニングを用いて解約しそうな顧客の予測モデルを構築する．第2段階で，解約しそうな顧客向けのサービス・商品展開，つまり，個別対応を行う，という順に行われる．このように，チャーン（顧客離反；乗換）に対応することになる．しかし，チャーンマネジメントには大きな問題が残されている．それは，「顧客

の寿命：死亡する」ということである。人の寿命は分からないことから，死亡する顧客を予測するということは困難であるし，倫理的にも不適切かもしれない。高齢化が進むにつれ，確かに高齢者の顧客は重要であると考えられるが，チャーンマネジメント及び顧客関係管理としてはこの点を考慮する必要があるであろう[4]。また，この点は，チャーンマネジメントや顧客関係管理をある種の限界を示しており，新規顧客の獲得とともに考察する必要があると考えられる。

以下では，本書では，通信（電話）企業でのデータで決定木を用いて乗換する顧客リストの作成をしてみることにしよう。

II 乗換モデルを作る

ここでは，通信企業の顧客データを基に，乗換の予測モデルを構築する。つまり，乗換する顧客リストの作成である。なお，ここで用いたストリームは付録を参照されたい。

そのために用いるのが，第3章で提示したようなデータである（図表7－3）。ここには，年齢などの顧客属性に関するデータとリスク推定（乗換：途中解約）に関するデータが含まれている。

図表7－3のようなデータを基に，決定木を用いて，乗換者を予測することになる。IBM SPSS Modeler において，決定木を作成するには，C5,1とC＆RTreeという2つのノードを用いる（図表5－3）。C5,1とC＆RTree（CART）はどちらの場合にも，予測フィールドがどのように結果に関係しているのかに基づいて，データを繰り返し分割して決定木（ディシジョンツリー）を構築する。しかしこれらはいくつかの重要な点において異なっている。

第1に，C5,1では，シンボル型の出力フィールドしか扱うことはできないが，C＆RTreeでは，シンボル型ならびに数値型の出力を扱うことが

第7章 決定木で乗換モデルを作る

ID	長距離電話	国際電話	地域電話	支払い方法	定額利用	割引	年収	途中解約	年齢	性別	婚姻状況	子どもの数
0	5.2464	7.5151	86.3278	小切手	無制限	標準	27535.3	1	57	女性	既婚	2
3	0	0	3.94229	カード	定額	国際割引	64623.3	1	50	女性	既婚	2
4	5.55564	0	9.36347	カード	定額	国際割引	81000.9	1	68	女性	既婚	2
10	13.664	2.95642	32.6381	カード	無制限	国際割引	83220.6	1	60	男性	既婚	2
11	0	0	1.41294	カード	無制限	標準	50290.7	1	84	女性	未婚	0
13	0.281029	0	8.53692	小切手	定額	国際割引	20850.4	1	28	女性	既婚	2
19	11.0307	0	34.2777	カード	定額	標準	3776.12	1	87	女性	既婚	2
20	0.452629	0	73.0122	自動	無制限	標準	73865.9	1	88	女性	既婚	2
22	3.72883	0	18.8474	自動	定額	標準	30933.6	0	76	男性	既婚	2
26	10.3701	2.15279	24.6683	小切手	無制限	標準	69864	1	87	男性	既婚	2
28	20.2685	0	102.864	小切手	定額	国際割引	91620.6	0	90	男性	既婚	2
30	25.5278	0.746981	5.18571	カード	定額	標準	96501.9	1	62	女性	未婚	0
32	8.08211	0	10.5858	小切手	定額	標準	13774.2	1	50	女性	既婚	2
33	2.94583	0.261446	77.238	小切手	無制限	標準	39428.2	0	48	女性	既婚	2
40	24.3456	0	62.826	カード	定額	標準	4988.14	1	37	女性	未婚	2
49	26.8624	0	15.4922	カード	無制限	国際割引	23564.1	1	21	男性	既婚	2
55	17.2085	8.94192	138.045	カード	無制限	国際割引	37661	0	42	男性	未婚	0
59	24.5781	0	80.7466	自動	無制限	標準	99064	0	71	女性	既婚	2
65	9.70314	1.20274	12.1824	カード	定額	標準	2974.76	1	33	女性	既婚	2
59	0	0	4.6195	カード	無制限	標準	23893.9	1	21	男性	未婚	0
71	0	0	2.36223	カード	定額	標準	23289.7	1	81	男性	既婚	2
73	6.67147	0	77.2515	自動	無制限	標準	11676.2	0	54	男性	既婚	2
78	13.6442	0	19.5464	自動	無制限	標準	27842.1	1	19	女性	既婚	2

図表7－3　必要なデータ

(図表3－21：通信業界用データ再掲)

できる。例えば，出力が第6章でのセット型である信用リスクモデルは，どちらの手法も使用することができるが，新規顧客の支出のような数値型の予測を行う場合は，C＆RTreeだけが使用できる。

第2に，C5,1は，結果を第5章もしくは本章で示した決定木あるいはルールセットの形で表示できるが，C＆RTreeは決定木しか作成できない。

第3に枝の分かれ方が異なる。C＆RTreeは2グループの分岐を行うのに対し，C5,1は，3つ以上のサブグループに分岐する。つまり，C＆RTreeは枝分かれが2つに対して，C5,1は複数に分かれる可能性がある。さらに，これらのアルゴリズムでは，分岐に使用する基準が異なる。C5,1では，情報理論に基づいたエントロピーの測度を使用する。一方，C＆RTreeがシンボル型の出力を予測する際には，散らばりの測度（デフォルトではGiniの分散の測度）が使用する。なお詳しくは，Wu ＆ Kumar（2009）の第1章及び第10章を参照されたい。また，両者の比較については，その他の点も含めて図表7－4で示される。なお，この図表の中でのC5.0は本

Ⅱ 乗換モデルを作る

	C5.0	C&R Tree
シンボル型入力フィールドの分岐	多数	2つ
数値型目的フィールド	使用不可	使用可
入力フィールドの選択基準	情報量（エントロピー）	不純度（分散）
ケースが欠損の場合の入力フィールドの仕様	可 分割を使用	可 代理変数を使用
事前確率	なし	あり
剪定基準	剪定度	標準誤差
各枝葉／子ノードの最小レコード数	少なくとも2つの枝葉が最小レコード以上	両枝葉が最小レコード以上
選別	可	不可
ブースティングのサポート	有	無

図表7－4　アルゴリズムの比較

（出所；SPSS社トレーニングコース配布資料）

書が中心とするC5,1の基礎となっていることを注記しておく。

　なお，このモデルを構築するには，図表3－8の中にある各種決定木（C5,1，C＆RTree，CHAID，QUEST）のノードを用いることになる。

　なお，データ型ノードにおいて，ニューラルネットワークと同様に1つの予測したいフィールド（変数）の方向を出力に変える（図表7－5）。ここでは，途中解約（乗換）である。そして，作成されたのが，図表7－6で示される。

　図表7－6のような分析結果を見慣れた決定木の形にするのが，ビューアタブであり，それをクリックすると図表7－7のような決定木が得られた。このようなモデルは，顧客の意思決定の段階を示している。乗換の予測モデルとして用いることができる。図表7－7では，1とあれば，解約していることを示している。

　図表7－7より，性別が重要であり，女性であれば60％が解約（乗換）していることが分かる。また，女性のうち39歳以上であればそのうちの

第7章　決定木で乗換モデルを作る

図表7−5　モデル構築のためのデータ型の編集

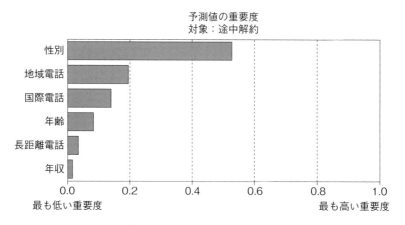

図表7−6　作成されたモデルの要約（予測値の重要度）

Ⅱ 乗換モデルを作る

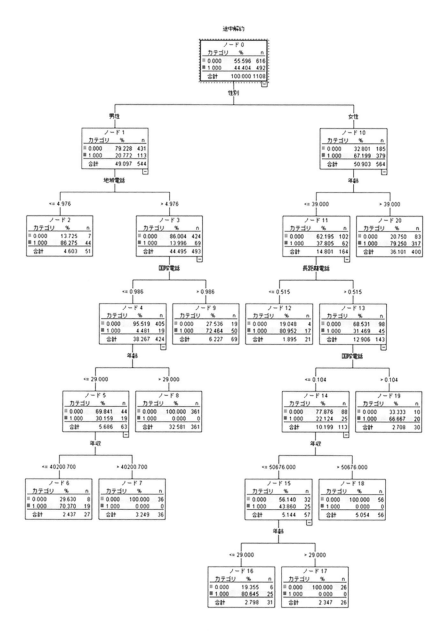

図表7-7 ビューアタブでの表示（通常の決定木の表示）

70％以上が解約（乗換）していることが分かる。一方，男性は70％以上が会員としてとどまり，特に地域電話をよく用いている人が顧客関係を維持していることが分かる。チャーンマネジメントでは，このように作成したモデルを基に途中解約（乗換）の顧客リストを作成し，その顧客リストを基に当該顧客に対して個別対応をすることになる。

また，ここでの分析は自社の遡及点（強みと弱み）を示しており，戦略重点の構築の基礎となることを注記しておくことにしよう。

III 決定木と消費者行動モデル：ダイレクトメールに反応する顧客の予測

決定木が優れている理由の1つは，前述したように消費者（＝顧客）の意思決定のプロセスを明確に示している点である。意思決定とは，判断し，選択するプロセスであるとされる（Moorhead & Griffin, 2004）。図表7－7の中で男性のところを見ると，地域電話を使うから顧客としてとどまっているという意思決定をしていることが明らかである。このような顧客及び消費者の行動に注目する領域として消費者行動論があり，マーケティング領域において大きな役割を果たしている。消費者行動論は組織の中での人間行動を説明する組織行動論と同じく，社会学，心理学，社会心理学などの行動科学を基礎にする行動科学の応用領域である。Kotler & Keller（2006）では，消費者の購買に影響する要因を心理学と決定という点やマーケティングを刺激としてとらえ，その反応を明らかにするという点等から消費者行動モデルを構築している（図表7－8）。

図表7－8が示すように，消費者の購買決定のプロセスにはさまざまな要因が影響することが明らかである。その上で，図表7－7を見ると購買決定にどのような製品の特徴が影響するのか，という点を強調しており，より具体的に購買決定の影響する要因（言い換えると，遡及点）が明らかになると考えられる。ただし，マーケティングの影響については考慮していないため

Ⅲ　決定木と消費者行動モデル：ダイレクトメールに反応する顧客の予測

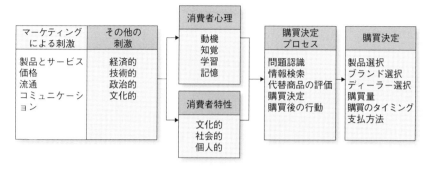

図表7－8　消費者行動モデル
(出所：Kotler & Keller, 2006, p.230, 図6－1)

に，図表7－8のように広範囲に考察することが必要となる。そして，このようなモデルはより行動と決定に着目したCDP（消費者意思決定モデル）に進化しているのである（田中，2008）。このように消費者行動論とともに説明するのは，決定木を用いた消費者行動のシミュレーションを行うことができると考えるからである。その上で，消費者行動論のみならず，組織行動論での意思決定の問題にも応用可能であることを指摘しておくことにしよう。

　以上のように，ニューラルネットワーク及び決定木などの予測の機能を用いる領域として，金融業界での与信の領域や通信業界でのチャーンマネジメントの領域が代表的である。なお，本書では，第5章で取り上げたすべてのアルゴリズムを用いることを想定しているので，各事例で1つのアルゴリズムを用いているが，両方のアルゴリズムを用いることが可能であることを注記しておくことにしよう。この点については，両方のアルゴリズムを用いてモデルを作成し，その両者を比較するということを最後の節で説明することにしよう。

　以上の予測モデルの構築は，このような領域及び業界以外で有効ではないか，と言えばそうではない。小売業及びメーカーの販売部門においては，ダイレクトメールに反応する顧客，もしくはキャンペーンに反応する顧客の予測に用いることができる。そこで，ここでは，ダイレクトメールに反応する

第7章 決定木で乗換モデルを作る

dm への反応	郵便番号	性別	年齢をカテゴリに分類
1	564-0001	男性	18-25 歳
1	564-0001	男性	18-25 歳
1	564-0001	男性	18-25 歳
1	564-0001	男性	18-25 歳
1	564-0001	男性	18-25 歳
1	564-0001	男性	18-25 歳
1	564-0001	男性	18-25 歳
1	564-0001	男性	18-25 歳
1	564-0001	男性	18-25 歳
1	564-0001	男性	18-25 歳
1	564-0001	男性	18-25 歳
1	564-0001	男性	18-25 歳
0	564-0001	男性	18-25 歳
0	564-0001	男性	18-25 歳
0	564-0001	男性	18-25 歳
0	564-0001	男性	18-25 歳
0	564-0001	男性	18-25 歳
0	564-0001	男性	18-25 歳
0	564-0001	男性	18-25 歳
0	564-0001	男性	18-25 歳
0	564-0001	男性	18-25 歳
0	564-0001	男性	18-25 歳
0	564-0001	男性	18-25 歳
0	564-0001	男性	18-25 歳
0	564-0001	男性	18-25 歳

図表7－9　ダイレクトメール（DM）に反応する顧客の予測に用いるデータ

顧客の予測とダイレクトメールを効率的に送付する方法を提示することにしよう。

ダイレクトメールに反応する顧客を予測するデータの例としては図表7－9で示されるようなデータが必要である。なお，ダイレクトメールへの反応に関するデータであるので，特に郵便番号が重要なデータとなろう。また，

Ⅲ 決定木と消費者行動モデル：ダイレクトメールに反応する顧客の予測

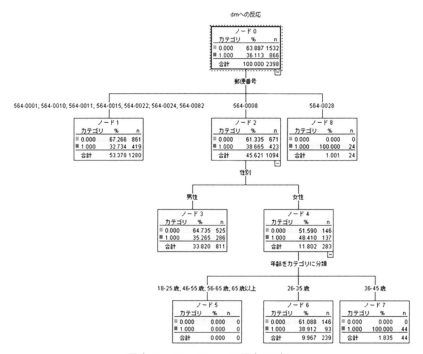

図表7−10　DMへの反応モデル

ダイレクトメールに反応すれば，dmへの反応のところに1，反応しなければ0を入力している。なお，キャンペーンの場合でも同様の手続きを行うことになる。

　このデータをニューラルネットワーク及び決定木を用いて予測すると図表7−10のようなモデルを構築することができる。今回は決定木（C5，1）だけ表示する。

　図表7−10を見てみると，〒564-0028については，送付を徹底し，〒564-0024，〒564-0022等については，あまり反応すると予測されていないことが明らかである。このようにダイレクトメールに反応する顧客を予測することができれば，郵送代などのコストが削減できる。

　これと同様の方法で，広告（ちらし）の配布場所の決定やキャンペーンに

反応する顧客の予測などが可能になると考えられる。なお，このような利用法は第4章を参照れたい。

 予測モデルで明らかにできるその他の経営課題

以上のような活用法以外，予測のモデルは次のような領域で活用可能であると考えられる。途中解約のモデルを構築するとの同様に，大学において退学者を予測すると領域である。これについては，アメリカの大学で導入されているケースなどをみることができる。大学経営にとって，退学者を予測し，それを防ぐ，チャーンマネジメントで言う，「いかないで戦略」は今後重要になるであろう[5]。

このような顧客に関する，つまり，顧客関係管理での予測モデルだけではなく，現在，日本企業では「新卒採用者が3年以下で退職する」という問題を抱えている（城，2006）。そこで，人事部が主体となって，退職しそうな新人を予測し，予測モデルにおいて重要な属性を明らかにするというのも，今後の利用法であると考えられる[6]。

この点から言うと，データマイニングは，マーケティング領域を中心とする顧客関係管理から，人事管理という新たな活用領域を開くかもしれない。現在，人事管理についての活用はタレントマネジメントや採用での利用を中心に議論されているが，人事・人的資源管理データ及びシステムの課題も数多く挙げられていることを注記しておくことにしよう（喜田，2015；石倉他，2016）。

 モデルの比較（より良いモデル構築に向けて）：アルゴリズム選択

以上で，活用領域や事例などを挙げてきた。予測モデリングにおいては，

Ⅴ　モデルの比較（より良いモデル構築に向けて）：アルゴリズム選択

図表7－11　オートメーション（図表3－7再掲）

図表7－12　自動分類

ニューラルネットワークでのモデルと決定木でのモデルを比較し，良いほう，つまり，推定精度の高いモデルを実際のビジネスで用いるということが行われる。そこで，ここでは，モデルの比較と選択の問題を説明することにしよう。なお，比較対象になるアルゴリズムについては第5章での予測用アルゴリズム（図表3－8）を参照されたい。

1）オートメーションでのモデルの比較

　喜田（2010）では，各アルゴリズムをストリームに配置することで，モデルの比較を行っていた。IBM SPSS Modelerでは，一括でモデルの比較を行うことができる。それを可能にするのがオートメーションのタブにあるノードである（図表7－11）。

　「自動分類ノード」はバイナリーデータを中心に離散型データの予測・判別に用いることができる。「自動数値」は名のとおり，数値型データの予測・判別に用いることができる。「自動クラスタリング」は，データの分類に用いることができ，第8章で提示するマーケット・セグメンテーションや第10章での「話題の分類」などに用いることができる。

　そこで，ここでは，行動の予測というバイナリーデータの予測・判別であるので，「自動分類」を用いることになり，それについて説明することにしよう。このノードは離散型データの予測・判別に用いることができる（図表7－12）。

　その上でこのノードをもう少し見てみると，この9つのアルゴリズムを用

第7章 決定木で乗換モデルを作る

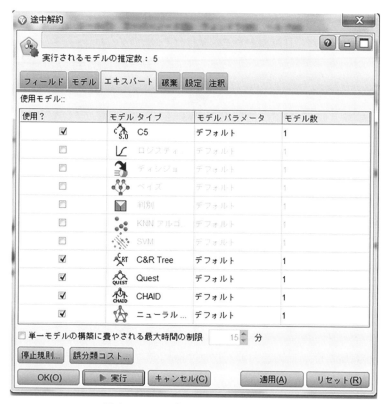

図表7-13　自動分類ノードの設定

図表7-14　作成された自動分類モデル

いて予測・判別モデルを構築し，比較することが可能になるが，本書では，ニューラルネットワークと数種の決定木のモデルの比較を行う。その設定が図表7-13である。

その結果はモデルパレットに表示される（図表7-14）。

これをブラウズすると，図表7-15のように，全体の推定制度順に，各モデルの比較を明らかにすることができる。

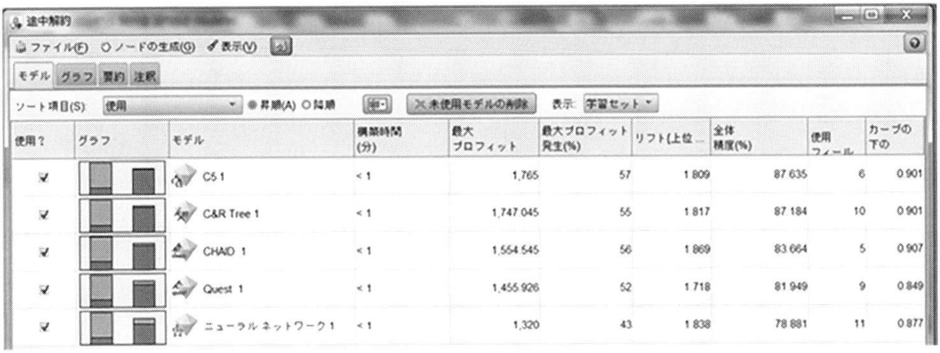

使用？	グラフ	モデル	構築時間(分)	最大プロフィット	最大プロフィット発生(%)	リフト(上位…	全体精度(%)	使用フィール…	カーブの下の…
✔		C5 1	< 1	1,765	57	1.809	87.635	6	0.901
✔		C&R Tree 1	< 1	1,747.045	55	1.817	87.184	10	0.901
✔		CHAID 1	< 1	1,554.545	56	1.869	83.664	5	0.907
✔		Quest 1	< 1	1,455.926	52	1.718	81.949	9	0.849
✔		ニューラル ネットワーク 1	< 1	1,320	43	1.838	78.881	11	0.877

図表７－15　乗換（途中解約）の自動分類の結果

図表７－15より，C5，1，C & RTree，CHAID，QUEST，ニューラルネットワークの順で推定精度が高いことが分かる。

その上で，本章でのこの事例では，C5，1を用いるべきであることが分かる。

そして，このような作業はもちろん前著と同様に，付録で示すようにモデルを並置させた上で評価分析及び評価グラフによってもモデル，有効なアルゴリズムの比較を行うことができる。

2）精度分析ノードによる比較

精度分析ノードは，生成されたモデルの予測値と実測値がどの程度適合しているのかを評価するのに用いられる（図表7－16）。また，別のモデルの予測フィールドと比較することもできる。

図表７－16の中の$N-RISKはニューラルネットワーク，$C-RISKはC5，1，$R-RISKはCHAID $R1-RISKはQUEST，$R2-RISKはC & RTreeで作成されたモデルを示している。

・そこで推定精度の高い順は前述の図表７－15と同様である

・ニューラルネットワークと，それ以外のモデルの一致度は76%である。

・一致しているモデルの推定精度が89%である。

第7章 決定木で乗換モデルを作る

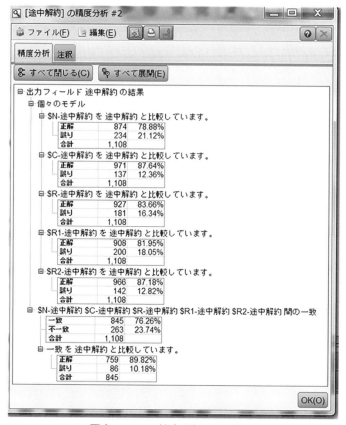

図表7-16 精度分析による比較

- この結果から，決定木によるモデルのほうが高い推定精度であるということができる。

この点を評価グラフで見てみることにしよう。

3）評価グラフによるモデルの比較

評価グラフを使用すると，異なるモデルの精度を容易に比較することができる（図表7-17）。

このグラフにおいては，前述したように，上のほうにあるほど，もしくは

Ⅴ　モデルの比較（より良いモデル構築に向けて）：アルゴリズム選択

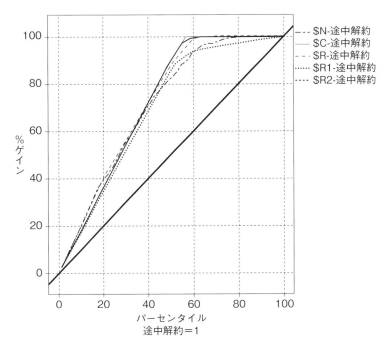

図表7−17　評価グラフによるモデルの比較

傾きが大きいほど精度が高いモデルとして評価される。そこで，ニューラルネットワークによる予測値（$N-RISK），決定木による予測値（$C-RISK等）を見てみると，一般的に決定木による予測のほうが高い精度であることが分かる。それ故，このデータでのデータマイニングでは，決定木による予測モデルを用いるほうが有効であると考えられるのである。

その上でそのモデルを用いて途中解約する顧客のIDを自動的に提示することができる。

おわりに

第6章及び第7章でデータマイニングの1つの機能である『予測』を用いる領域について説明してきた。金融業界でのリスク判定や通信業界での途

第7章 決定木で乗換モデルを作る

アルゴリズム	予測する変数
回帰分析など統計的手法	連続変数（数値）
ニューラルネットワーク	すべての変数，離散型，フラグ型，セット型等にも用いることができる。
決定木	すべての変数，離散型，フラグ型，セット型等にも用いることができる。ただし，離散型，フラグ型，セット型等に有効な傾向がある。

図表7－18　アルゴリズムと予測する変数の関係

(出所：喜田，2010)

中解約者の予測，そして，小売業でのダイレクトメールに反応する顧客の予測，などである。最後に，2つのアルゴリズム（ニューラルネットワークと決定木）を用いてモデル構築を行い，比較することでよりよいモデルを構築する方法について説明してきた。ここで1つ強調しておくことが1つある。それは，このようなモデル構築はデータベースの刷新とともに繰り返し行うことが重要であるということである。

　最後に，このように実際データを用いて，予測モデルを構築する際にアルゴリズムと予測する変数の関係を少し示唆しておくことにしよう（図表7－18）。ここで統計的手法を挙げたのは，データマイニングを用いて予測する際の条件を明確にするためである。なお，変数の種類については，第3章を参照されたい。

▌注

1　Berry & Linoff（2000）『事例編』p.85 より。
2　Berry & Linoff（2000）『事例編』p.85 より。
3　標準的なテキストである Kotler & Keller（2006）等で議論されている。
4　最近では，顧客の寿命の問題も含めた「顧客の生存分析」を行っている（Linoff & Berry, 2011a）。
5　著者は本務校の仕事でこれを行っていた経験を持っている。詳しくは，喜田・日本情報システム・ユーザー協会（2018）の第4章を参照されたい。
6　神戸大学の金井壽宏先生との議論より導き出された。また，現在，企業との共同研究においてこのような依頼を受けることがある。

第8章
クラスタリング手法を用いて顧客を分類する

> **キーワード**
> マーケット・セグメンテーション（市場細分化），ターゲット，実際の購買活動から分類する手法，既存のセグメンテーションの問題点

はじめに

　第4章で述べたようにデータマイニングの活用領域で特徴的であるのは，顧客関係管理を目的とした企業が顧客を個別に扱うことであり，1対1の関係を構築しようとすることにある。しかし，データマイニングは，顧客の個別化のみならず，企業のポジショニングの基礎となるマーケットセグメンテーション（市場細分化）にも有効である。なぜなら，第5章で示したようにデータマイニングは「分類する」「クラスター化」という機能を持っているからである。

　本章では，まずマーケット・セグメンテーションの理論的基礎とその分類軸に関する変遷を明らかにしたのちに，パン屋さん（小売店データ）を基にした実際の購買活動によるセグメンテーションについて説明することにしよう。そして，最後に，実際の購買活動によるセグメンテーションと個人属性との関係を明らかにすることで，本章で取り上げる方法の可能性を示唆することにしよう。

第8章　クラスタリング手法を用いて顧客を分類する

I マーケット・セグメンテーション（市場細分化）の動向

　マーケットセグメンテーション（市場細分化）とは，「企業が消費者＝顧客のニーズをより正確に満足させることを目的に，異なる選好の異質な市場を小さな同質的な市場とみなし，分割すること」である。マーケット・セグメンテーションはいくつかのレベルに分類できる（Kotler & Keller, 2006）。第1は，セグメントであり，市場において類似のニーズを持つ顧客グループである。第2は，ニッチであり，セグメントよりもっと特定の嗜好を持つ顧客グループである。第3は，ローカルであり，店舗の商圏特性に応じてグループ化することである。最後は，マーケット・セグメンテーションの究極は顧客関係管理が目標とする顧客個人のレベルであり，カスタマイゼーションのレベルといわれる。

　このようなマーケット・セグメンテーションにはメリットとデメリットがある（石井他，2004）。メリットの第1としてはマーケティング手法を中心に経営手法の効果と効率を高めることである。第2は市場全体の規模を大きくする効果などが議論されている。デメリットとしては，企業のコスト負担を増加させることがあるとされる。言い換えると，セグメントの最適な規模が存在するということである。

　この点について，アクセンチュア村山・三谷＋戦略グループ・CRMグループ（2001，以下アクセンチュア，2001）では，より具体的に図示して，明らかにしている（図表8－1）。

　図表8－1より，小さなセグメント（顧客の個人対応）がコスト増加によってデメリットになることを示している。この点は，顧客個人との関係を重視する顧客関係管理の1つの問題点を提示している。

　しかし，そのコストも情報技術の進化によって減少する傾向がある。特に，顧客個人に対しての接点構築などのコストである。ただし，このようなコストを考慮する必要があるということがまず第1のセグメントの有効性の

Ⅰ　マーケット・セグメンテーション（市場細分化）の動向

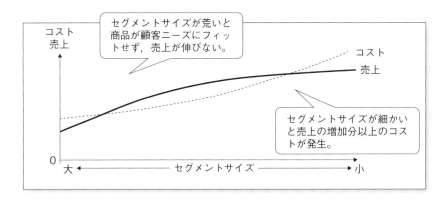

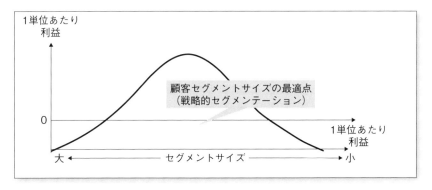

図表8－1　顧客セグメントサイズの最適点

（出所：アクセンチュア，2001，p.95，図2－14）

尺度となる。その他の尺度としては，そのセグメントが独自性を持つのか，また，確実なものであるのか，などを明らかにする必要がある（石井他，2004）。

　このように顧客（市場）を分類していくのであるが，以下で示すようにどのように分類するのかという基準（区分変数）が多数ある[1]。

・地理的変数

　消費者の居住地域（住所，電話番号など），気候帯，都市圏と地方，人口密度

・人口統計的（デモグラフィック）変数

　年齢（18 歳以下，18－25，26－35，36－45，46－55，56 歳以上），世代（ベビーブーム世代など），民族，国籍，人種，家族数，家族のライフサイクルまたはライフステージ（婚姻状況（独身・既婚），子供がいるなど）

・社会経済変数

　消費者の所得，資産，職業，教育水準（学歴），社会階層

　これら 2 種類の変数は，顧客情報の中に組み込まれる可能性があり，本書でいう個人属性の 1 つであると考えられる。

・心理的変数

　消費者のライフスタイル（仕事重視，家族重視），パーソナリティー（保守的，社交的，受動的など）

・生活行動上の変数

　この変数は，自社の製品に関連する変数と，一般生活に関連する変数の 2 種類に分かれる。前者に属する変数として，消費者の製品・サービスに対する使用経験の有無（ただし，これには他社製品の使用頻度も含まれることもある，例えば，パソコンの利用歴など），ロイヤルティーの程度，使用率（ライト・ユーザー，ヘビー・ユーザー），使用する時間帯，購買の利用する店舗，等が挙げられる。後者に属する変数としては，インターネットの利用頻度，メディアとの接触頻度，等である[2]。

・製品・サービスの属性変数

　製品・サービスの品質，性能，サイズ，スタイルなど。

　このような変数は，一般的な変数と製品・店舗特有の変数に分類され，また，変数が測定可能かどうかという点から，観測可能な変数と直接測定できない観測不能変数に分類される（中村編著，2008）。

　図表 8－2 の中で，地理変数，デモグラフィック変数，社会経済変数は観測が可能であるとされ，この点がこの変数によるセグメンテーションのメリットである。地理変数によるセグメンテーションとしては関西向けとか，関東向けなどが当たるであろう。デモグラフィックな変数によるセグメン

I マーケット・セグメンテーション（市場細分化）の動向

	一般的変数	製品・店舗固有の変数
観測可能	地理変数，デモグラフィックス変数，社会経済変数	使用頻度，ブランド・ロイヤルティ，店舗ロイヤルティ，採用時期，消費場面
観測不能	パーソナリティ，生活価値，ライフスタイル	プロモーション弾力性，知覚便益，購買意図

図表8－2　マーケット・セグメンテーションの区分変数

(出所：中村編，2008, p.6, 図表1－1)

テーションは多くの商品を生み出している。年齢による雑誌，服，等やシルバー市場，最近では，アラフォー（40 近くの人向け）商品とか，アラサー（30 近くの人向け）商品などや，性別による男性商品，女性商品の開発などが挙げられるであろう。その上で，年齢と性別を組み合わせた商品開発も行われている。

なぜ，このようなセグメンテーションを重視するのか，といえば顧客のニーズ，欲求，使用量，製品やブランドの選好と連動することを挙げている（Kotler & Keller, 2006）。また，日本では，あまり議論していないが，社会階層が大きな影響力を持つとしている（Bourdieu, 1979 ; Kotler & Keller, 2006）。社会階層によって，自動車，衣料品，インテリア用品，教育サービスなどの選好に影響を及ぼすとしている。

観測不可能な変数であるパーソナルティー，ライフスタイル，価値観などであり，これを基にセグメンテーション（サイコグラフィックスによるセグメンテーション）しようとする。サイコグラフィックスとは，心理学とデモグラフィックスを利用して消費者をよりよく理解しようとする領域である。この代表的な指標が VALS（Value Analysis of Life Style）である[3]。日本版では，消費者を 10 のセグメントに分類しており，そこでは，生活における志向性（昔からのやり方，職業的達成，革新，自己実現）と社会の変化に対する態度（持続的，実用的，適応的，革新的）の基準を用いている。

この 2 種類の変数は，顧客の個人属性に属するものである。このような個人属性によるセグメンテーションでは問題がある。それは，個人属性がど

第8章 クラスタリング手法を用いて顧客を分類する

図表8−3 ニーズと属性の関係
（出所：アクセンチュア，2001，p.59，図表2−4加筆修正）

の程度，実際の購買につながるのか，という問題である。また，重要な点の1つなのだが，現場においてこれらの顧客情報は得にくく，実務場面での確認というのができない可能性がある。

セグメンテーションの1つの問題であるのだが，現在のように消費の個人化，嗜好の多様化が進めば，セグメンテーション内でニーズが分かりにくくなっていく傾向がより強くなる。アクセンチュア（2001）では，図表8−3を提示し，個人属性によるセグメンテーションの問題を示唆している。

この点については Zyman（1999），Zyman & Brott（2004）等でも指摘されている。このような現象は，著者が勤めている大学でも起こっている。講義の中で学生はほぼ年齢として同じであり，今までの手法であれば同じセグメントに分類されるであろう。しかし，同じような購買活動をしているとは考えられないのである。例えば，冬のアウターであれば，同じ種類のアウターを着ている，ダウンだけとか，毛皮だけとか，とは見えないのである。

このように，個人属性によるセグメンテーションには限界がある。そこで重要になってくるのは，製品・店舗固有の変数である。これには，観察可能な使用頻度，ブランドロイヤルティー，店舗，ロイヤルティー，採用時期，消費場面などが挙げられる。使用頻度によるセグメンテーションでは，ヘビー・ユーザー，ミディアム・ユーザー，ライト・ユーザーなどに分類できる。ブランド及び店舗・ロイヤルティーについては，顧客の購買履歴を利用することによって把握することができる。後者の店舗・ロイヤルティーで

代表的なのがRFM分析である。これは，経過時間（R），頻度（F），購買金額（M）を用いて，顧客の店舗ロイヤルティーを測定する。例えば，直近の購買からの経過時間を表し，経過時間が短いほど店舗・ロイヤルティーが高いと考える（中村，2008）。この分析結果を用いて顧客を分類する方法もある[4]。このような方法は，「優良顧客」を絞り込むという点においては重要であり，しかも簡単な方法であると考えられる[5]。なぜなら，優良顧客は上述のRFMの指標に照らし合わせると最もスコアが高いと考えられるからである。また，消費場面では，週末型消費かそれともウィークデイ消費か，またいつ消費するのか，によってセグメント化を行う。

そして，最後に観察は不可能であるが，重要であると考えられる製品・店舗固有の変数がある。それには，プロモーション弾力性，知覚便益，購買意図，などである（中村，2008）。

以上のマーケット・セグメンテーションの変数は6つの基準から評価される。①識別可能性（セグメントを識別できる程度），②実質性（セグメントの市場規模の測定の容易さ），③到達可能性（ターゲット・セグメントへの到達可能性），④安定性（時間などに影響されないこと），⑤実行性（マーケティングの意思決定が容易かどうか），⑥反応性（マーケティング・プログラムに対するセグメントでの購買などの反応）である。これらの評価基準で各変数の特徴をみたのが図表8－4である（中村，2008）。

図表8－4からも観測可能な一般的変数（個人属性）は識別の簡単さはあるが，購買につながるかどうかの点で問題であるとされる。観測可能な製品固有の変数については購買につながる可能性が高いと考えられる。中村（2008）では，本書で示すような情報化社会において顧客の取引データが入手可能になると，セグメンテーションを行う変数として行動変数がより重要になっていくとしている。

このような流れの中で，データマイニングの世界では，実際の購入履歴（何を購買しているのか）という点からセグメント化を行う方法を提示することになる。本書では，パン屋さんの事例を用いて，実際の購買活動からセ

第8章 クラスタリング手法を用いて顧客を分類する

	識別可能性	実質性	到達可能性	安定性	反応性	実効性
観測可能な一般的変数	++	++	++	++	−	−
観測可能な製品固有の変数						
−ロイヤルティや採用時期	+	++	−	+	+	+
−使用量や消費場面	+	++	+	+	+	−
観測不能な一般的変数						
−パーソナリティ	±	−	±	±	−	−
−生活価値		−	±	±	−	−
−ライフスタイル	±	−	±	±	−	−
観測不能な製品固有の変数						
−知覚便益	+	+	−	+	++	++
−購買意図	+	+	±		++	+

図表8−4　セグメンテーションの評価基準からみた各変数の特性

(出所：中村，2001，p.10，図表1−2)

グメンテーションを行う方法を次節で見てみることにしよう。

II　実際の購買活動から分類する手法

ここでは，パン屋さんのPOSデータ（取引履歴データ）を基に，何を買っているのか，という軸で顧客をセグメント化する。つまり，実際の購買活動よりのセグメンテーションである。なお，ここで用いたストリームは付録を参照されたい。

そのために用いるのが，第3章で提示したようなデータである（図表8−5）。そこで，ここでは，パン屋さんのデータを用いて顧客を分類することにしよう。なお，このデータもフィクションであることを注記しておくことにしよう。

図表8−5では，個人属性ではなく，パン屋さんなど小売店でのPOS

Ⅱ 実際の購買活動から分類する手法

レシート番号	食パン	卵サンドイッチ	ミックスサンド	ベーグル	クリームパン	アゲパン	あんパン	メロンパン	デニッシュ	アップルパイ
100001	1	0	0	0	0	0	0	0	1	0
100002	1	0	0	0	0	0	0	1	0	0
100003	1	0	0	0	0	0	0	1	1	0
100004	1	0	0	0	1	1	0	0	0	0
100005	1	0	0	0	0	0	0	0	0	0
100006	1	0	0	0	0	0	1	0	1	1
100007	1	0	0	0	0	0	1	0	0	0
100008	1	0	0	0	0	0	0	0	0	0
100009	1	0	0	0	1	0	0	0	1	0
100010	1	0	0	0	0	0	0	0	0	0
100011	1	0	0	0	0	0	0	0	0	0
100012	1	1	1	0	1	1	0	0	1	0
100013	1	0	0	0	0	0	0	0	0	0
100014	1	0	0	0	0	0	0	0	1	1
100015	1	0	0	0	0	0	0	0	0	0
100016	1	0	1	0	0	0	0	0	0	0
100017	1	0	0	0	0	0	0	0	0	0
100018	1	0	0	0	0	0	0	0	1	0
100019	1	0	0	0	0	1	0	0	0	1
100020	1	0	0	1	0	0	0	0	0	1
100021	1	0	0	0	0	0	0	0	0	0
100022	1	0	0	0	0	0	0	0	0	0
100023	1	0	0	0	0	0	0	0	0	0
100024	1	0	0	0	0	1	0	1	1	0
100025	1	0	0	0	0	0	0	0	1	0
100026	1	0	1	0	1	0	0	0	1	0
100027	1	0	0	0	0	0	0	0	0	0
100028	1	1	0	0	0	0	0	0	1	0

図表8-5　必要なデータ（パン屋の事例）

(図表3-23：POSデータ；パン屋さんの事例再掲)

データにおいては，レシート番号，年月日，時間，商品名1，商品名2，商品名3，商品名X，合計金額などのようにデータが作成される。そして，購入されれば1，されなければ0を入力することになる。

実際の購買活動から，顧客をセグメント化する方法として，IBM SPSS Modelerでは，クラスタリング手法を用いて行う。クラスタリングを行うアルゴリズムとして，Kohonenネットワーク（自己組織化マップ），K-Meansクラスター，TwoStepクラスターの3つがある[6]。

Kohonenネットワーク（自己組織化マップ）については，第5章で説明したとおりである。そこで，これらのアルゴリズムのうち後者の2つについて少し説明しておくことにしよう。なぜなら，Wu & Kumar（2009）等においては，特に，K-Meansは重視されているからである。

K-Meansクラスターは，データ内のクラスターを探索する比較的高速

な手法である。適合させるクラスターの個数（k個）をユーザーが設定すると，クラスター中心（クラスター化に使用されたフィールドの平均：K－Means）を基礎にデータレコードを分類する。クラスター中心は新しいデータレコードに合わせて更新される。クラスター中心の移動によって，もし必要であれば新しいデータパスが作成され，この結果として最も近くなったクラスターにデータレコードが移される。ユーザー自身がクラスターの個数を設定しなくてはならないので，ふつうはこの手続きを何回か実行し，クラスターの個数（kの値）を変更した場合に結果（平均のプロファイル，各クラスターに含まれるレコードの個数，クラスターの分離）がどう変わるかを調べることになる。

　自己組織マップとK－Meansの2つのクラスター手法と違って，TwoStepクラスターは統計的な基準に基づいてクラスターの最適な個数を選択することになる。TwoStepの名のとおり，このクラスター化は2段階をとる。第1段階で，最大個数のクラスターが十分離れているように設定され，各レコードはそのうちのいずれかに分類する。第2段階では，階層的凝集型クラスター手法が使用されて，最初のクラスターを順々にまとめていく。これによって最大個数のクラスターから，最小個数のクラスターへと，クラスターの数が減らされて解を得ることになる。ここで統計的基準を使用して，どの解が一番よいのかを判断することになる。

　本書では，これら3つのアルゴリズムのうち，最も代表的で，基本的なアルゴリズムであるKohonenネットワーク（自己組織化マップ）を選択することにする。IBM SPSS Modelerにおいて，Kohonenネットワーク（自己組織化マップ）を構築するには，図表3－10の中のKohonenネットワークのノードを用いる。

　このモデルを構築するには，他のモデルと同様にデータ型ノードでの編集が必要となる（図表8－6）。なお，モデル構築のストリーム（ノードの配置）は，付録を参照されたい。

　商品の購買記録のデータ型が0 or 1であるので，フラグ型に変更する。

Ⅱ　実際の購買活動から分類する手法

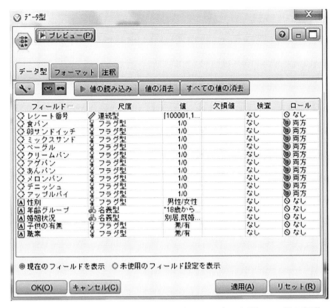

図表8-6　このノードを用いるためのデータ型ノードの編集

その上で，ここでは，購入している商品からクラスター化を行うので，各商品のフィールドの方向を入力にする（図表8-6）。Kohonenノードの編集画面において，ランダムシードの設定（1000）にする[7]。これは，再現できるようなモデルを構築するために用いる。次に，エキスパートタブをクリックし，モードをエキスパートにする。その上で，幅に，3，長さに3を入力する。これによって，3＊3の9つのカテゴリーにクラスター化することができるようになる。つまり，9つのセグメントができたことになる。そして，図表8-7のような結果を得ることができる。

なお，サイズは含まれる顧客の割合，下記には何を買っているのか，などを分析している。この結果をまとめると，図表8-8になる。

このように購買傾向で顧客を分類できる。この結果と日時などのデータを統合することで日時と購買傾向によるセグメントとの関係をみることで，より有効なセグメンテーションが可能になると考えられる。次にこのように顧

149

第8章 クラスタリング手法を用いて顧客を分類する

クラスタ

クラスタラベル	X=0, Y=0	X=0, Y=1	X=0, Y=2	X=1, Y=0	X=1, Y=1	X=1, Y=2	X=2, Y=0	X=2, Y=1	X=2, Y=2
説明									
サイズ	23.9% (188)	1.9% (15)	22.1% (174)	1.9% (15)	0.4% (3)	6.9% (54)	20.2% (159)	5.0% (39)	17.7% (139)
入力	アップルパイ 0(100.0%)	アップルパイ 1(86.7%)	アップルパイ 1(100.0%)	アップルパイ 0(100.0%)	アップルパイ 0(100.0%)	アップルパイ 1(100.0%)	アップルパイ 0(100.0%)	アップルパイ 0(92.3%)	アップルパイ 1(82.0%)
	食パン 0(100.0%)	食パン 0(100.0%)	食パン 0(79.9%)	食パン 0(86.7%)	食パン 0(100.0%)	食パン 1(53.7%)	食パン 1(100.0%)	食パン 1(100.0%)	食パン 0(86.5%)
	ミックスサンド 1(51.6%)	ミックスサンド 0(95.4%)	ミックスサンド 0(86.7%)	ミックスサンド 0(66.7%)	ミックスサンド 0(70.4%)	ミックスサンド 0(83.6%)	ミックスサンド 0(71.6%)	ミックスサンド 1(100.0%)	ミックスサンド 1(95.6%)
	クリームパン 0(95.7%)	クリームパン 0(93.3%)	クリームパン 0(93.7%)	クリームパン 0(100.0%)	クリームパン 1(100.0%)	クリームパン 0(88.9%)	クリームパン 0(94.3%)	クリームパン 0(92.1%)	クリームパン 0(66.2%)
	アゲパン 0(73.4%)	アゲパン 0(70.2%)	アゲパン 0(86.7%)	アゲパン 0(100.0%)	アゲパン 1(100.0%)	アゲパン 1(63.0%)	アゲパン 0(61.5%)	アゲパン 1(91.4%)	
	卵サンドイッチ 0(56.9%)	卵サンドイッチ 0(53.3%)	卵サンドイッチ 0(81.6%)	卵サンドイッチ 0(100.0%)	卵サンドイッチ 0(100.0%)	卵サンドイッチ 1(57.4%)	卵サンドイッチ 0(84.3%)	卵サンドイッチ 0(84.1%)	卵サンドイッチ 1(82.7%)
	デニッシュ 1(58.0%)	デニッシュ 0(60.0%)	デニッシュ 0(73.6%)	デニッシュ 0(86.7%)	デニッシュ 0(100.0%)	デニッシュ 1(63.0%)	デニッシュ 0(67.7%)	デニッシュ 1(89.2%)	デニッシュ 1(80.6%)
	ベーグル 0(97.3%)	ベーグル 0(93.3%)	ベーグル 0(93.7%)	ベーグル 0(100.0%)	ベーグル 0(66.7%)	ベーグル 0(91.5%)	ベーグル 0(100.0%)	ベーグル 0(94.9%)	ベーグル 0(74.8%)
	メロンパン 0(92.6%)	メロンパン 0(93.3%)	メロンパン 0(96.6%)	メロンパン 0(100.0%)	メロンパン 0(66.7%)	メロンパン 0(92.6%)	メロンパン 0(93.1%)	メロンパン 0(87.2%)	メロンパン 0(74.1%)
	あんパン 0(98.9%)	あんパン 1(100.0%)	あんパン 0(59.4%)	あんパン 0(100.0%)	あんパン 0(100.0%)	あんパン 0(92.6%)	あんパン 0(100.0%)	あんパン 0(97.4%)	あんパン 0(89.2%)

図表8－7　作成されたセグメント

客を分類したのだが，これらのセグメントのうち，自店舗（自社）にとってどれが重要なのかを明らかにする必要がある。その方法が散布図による分析である（図表8－9）。また，単純にセグメントごとで人数を集計する方法もある。この散布図は，図表5－3のKohonenマップ（自己組織化マップ）の概念図のX軸とY軸で示される平面部分に対応する。

その結果，作成した9つのクラスターのうち，主要なものは4つであることが分かる。セグメント22，セグメント00，セグメント02，セグメント20である。この結果と図表8－9での結果を統合すると，この店舗では，デニッシュとミックスサンドを買う顧客セグメント（セグメント22），食パンを中心に揚げパンを買う顧客セグメント（セグメント00），アップルパイを買う顧客セグメント（セグメント02），食パン，卵サンド，ミックスサン

II 実際の購買活動から分類する手法

クラスター（セグメント番号）	何で分類したか
クラスター 22	デニッシュとミックスサンドを買っている。
21	卵サンド，ミックスサンド，デニッシュ，揚げパンなどを買う傾向が少しある。
20	食パン，卵サンド，ミックスサンド，デニッシュ，揚げパンなどを買う傾向が強い。
12	21よりその傾向が弱い。
11	ほとんどの商品を買っていない。
10	揚げパンと食パンを買う傾向があるが，弱い。
02	アップルパイを買う傾向が強い。
01	アップルパイ，デニッシュ，食パンを買う傾向があるが，弱い。
00	食パンを中心に，揚げパンを買う傾向が強い。ただし，何も買わない人も多い。

図表8－8　セグメントごとでの購買特徴

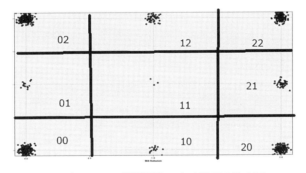

図表8－9　購買活動による顧客の散布図

ド，デニッシュ，揚げパンなど多品種のものを買う顧客セグメント（セグメント20）が中心であると考えられる。その上で各セグメントをその特性に応じて命名することになる。例えば，セグメント02であれば，「アップルパイ」というようにである。

　このようなセグメンテーションは，マーケティングにおいて市場のター

ゲット化の基礎となる。その選択では，各セグメント別の売上高や利益などと関係づけて考えることになるだろう。具体的には，売上高及び利益率の高いセグメントを中心に店舗における商品展開やそのほかのマーケティング活動を行う。そして，重要なのは他店舗などの競争相手のいないことである。例えば，いくら利益率が高いとしてもアップルパイのおいしい他のお店がある場合，このセグメント（セグメント02）を中心にするわけにはいかないであろう。

　以上のように実際の購入活動から顧客を分類する方法について説明してきた。次に，このようなセグメントの方法は既存の個人属性によるセグメントとどのような関係にあるのか，を理解することが必要である。

III クラスターに含まれる購買者の属性を見る：既存のセグメンテーションの問題点

　この作業は棒グラフを用いて行われる。棒グラフノードはグラフ作成パレットにある。その結果，図表8－10のようなグラフを得ることができる。
　その結果，①クラスター20及び00は，20代中心に若い世代が多いこ

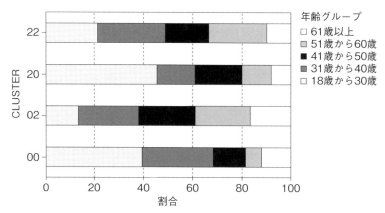

図表8－10　購買活動によるセグメントと個人属性の関係

と。②クラスター 02 は，各世代が含まれていること。③クラスター 22 は 30 代と 50 代が多いこと。等が分かる。

　このように見ると，年齢に関して言うと，ほとんど関係がないように思える。この点は図表 8 － 3 でニーズの個人属性との関係の図表に似ており，属性によるセグメント化の有効性に疑念を持たせることになろう。この点については Zyman & Brott（2004）においても示唆されている。そして，Pfeffer & Sutton（2006）でいう「事実に基づいた経営」という点から言うと，他社が導入しているマーケット・セグメンテーションの方法を自社にそのまま導入することの危険性を示していると考えられる。それ故，ここで取り上げたような実際の購買活動から，セグメント化を行うということが重要になると考えられる。

　また，経済学において顕示選好という概念がある。顕示選好とは，使用量や実際何を買うのか（需要）からその選好（ある種のニーズや満足度）に対する情報が得られると考えることである。この点から，本章で示した実際の購買活動によるセグメンテーションには理論的な根拠があると考えられる。本章で提示した方法を用いることで，簡単に購買行動によるセグメンテーションが可能であるということを示すことができたと考えられる。

おわりに

　本章では，まずマーケティングセグメンテーション研究の流れ，特に分類するための基準の変遷を明らかにしてきた。そこでは，個人属性から行動特性（実際の購買活動）へ中心が移ってきていることを明らかにした。次に，パン屋さん（小売店データ）を基にした実際の購買活動によるセグメンテーションについて説明した。そして，最後に，実際の購買活動によるセグメンテーションと個人属性との関係を明らかにした上で，既存のマーケティングセグメンテーションの限界を示した。

　本書で提示した方法を用いて，より事実重視で有効なセグメンテーションを行い，各企業の利益向上に役立つことを願っている。なお，本書では説明

していないがこのようなセグメンテーション（クラスタリング）は，年収や，売上高などの定量的な変数を用いて K–Means などの手法を用いてもできることを付け加えておくことにしよう。

▌注

1 例えば，Aaker & Day (1980)，石井他 (2004)，Kotler & Keller (2006) の第4章，中村編著 (2008) などを参照されたい。
2 前者については，インターネットビジネスにとって重要になってきている。後者については，よく見るテレビ番組，定期購読している雑誌や購読中の新聞などである。これらは企業の広告効果と直結することになるためである。
3 なお，詳しくは Kotler & Keller (2006) pp.315-317 より。
4 ＲＦＭのスコア化については，中村 (2008) p.16 を参照されたい。
5 IBM SPSS Modeler では，第3章で示したようにこれを行うためのノードが用意されている。
6 これらの分類の機能については，詳しくは，Tan, Steinbach & Kumar (2006) 第8章及び第9章を参照されたい。本書で議論していないアルゴリズムについても紹介されている。
7 ランダムシードの設定は，そのモデルの再現性を高めることを中心とする。なお，この点が，自己組織マップのモデル構築の際に再現性が低いことが指摘されており，自己組織マップの欠点とされている。なお，この点はニューラルネットワークでも同様である。

第9章

アソシエーションを用いて購買活動を関連づけ，顧客の気付きを促進する

> **キーワード**
> 商品のロングテール現象，ロングテールビジネス，マーケット・バスケット分析，マーケット・バスケット分析の注意点：「有益なルール（仮説）」，「とるに足らないルール（仮説）」，「説明不可能なルール（仮説）」，店舗設計，併売活動，レコメンドシステム（おすすめ商品の選定），ロングテールビジネスが引き起こした商圏の拡大

はじめに

　本章では，まず，アソシエーションを用いたマーケット・バスケット分析の背景となっているロングテール現象やその現象を取り込んだビジネスであるロングテールビジネスについて説明する。次に，ロングテールビジネスの基礎となり，データマイニングの代表的な方法であるマーケット・バスケット分析について説明する。その上で，より具体的にパン屋さんを事例にどのようにマーケット・バスケット分析を行い，おすすめ商品を選定するのか，について提案することにしよう。このようなロングテールビジネスがどのような市場（商圏）の変化を引き起こしているのか，を説明することにしよう。最後に，POSデータでのデータ活用及びデータマイニングとデータ・サイエンスの領域との関係を示すことにしよう。

第9章 アソシエーションを用いて購買活動を関連づけ，顧客の気付きを促進する

I この手法の背景：商品のロングテール現象とロングテール化を進める要因

　企業は数多くの商品を世に出している。しかもその傾向は年々強くなってきており，新商品開発としてのイノベーションの有効性を危惧する声まであるほどである（榊原，2005）。

　このような商品群のうち，分かりきったことであるが，ヒットする商品は少ない。つまり，数多く商品開発しても売れる商品は少ないという現象が起こっている（図表9−1）。

　言い換えると，企業にとって販売数の多い商品は数少ないということである。この点をある種の経験則で「80対20」を指摘される。これは，20％の商品群で80％分の利益を出しているということである（Anderson，2006）。

　例えば，本書で用いているデータでも，同様の現象が起こる。重要な点がこのような現象が市場全体のみならず，現在では店舗レベル及び企業内でも同様に出現することである（図表9−2）。

　図表9−2から，この店舗において「あんパン」と「ベーグル」がほとんど売れていないことが分かる。それ故，経営課題としては，この2つの商品をどのように売るのかになろう。多くの企業においては，企業内においてヒットする商品とほとんど売れないが必要な商品という2つに分類されるような分布（ロングテール）を持っていると考えられる。そこで，この点を

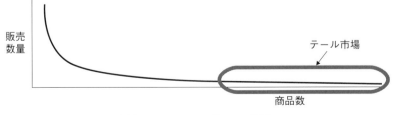

図表9−1　ロングテール現象

（出所：喜田，2010）

Ⅰ　この手法の背景：商品のロングテール現象とロングテール化を進める要因

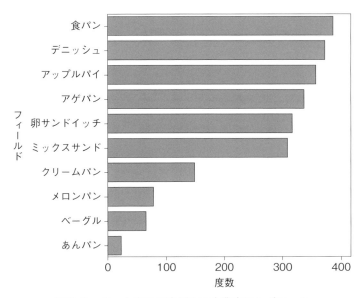

図表 9 − 2　本書での事例での企業内ロングテール

解決しようとするのがロングテールビジネスであり，その手法はデータマイニングにおいて代表的な手法であるマーケット・バスケット分析である。

　それでは，なぜ，このような商品展開がなされるようになったのか，また，なぜ，このような現象が生み出されているのか，について説明する必要がある。

ロングテール化を進める要因

　Anderson（2006）は，このようなロングテール化を進める要因は，ロングテールのしっぽのほうの商品であるニッチ商品を手に入れるコストが下がらなければならない，としている[1]。なお，ここでの議論の前提条件として，顧客のニーズの多様化と消費の個人化がその根底にあることを重視しておく必要がある。

　このコストを下げる要因の第 1 は，「生産手段の民主化」である。生産手

段の民主化の大きな事例としては,パソコンの普及がある。パソコンが普及することによって,映像,文章,動画,音楽などのコンテンツ産業に属する者が,生産手段がないからという理由で生産できない,ということがなくなった。生産手段がないような状況では生産手段は一部の人たちに独占されており,彼の言う民主化は起こっていないが,生産手段がこのように誰でも手に入れられる状況になると民主化されたと考える。このような生産手段を手に入れるコストが下がることは,受け手である消費者が積極的に生産者へ変わりつつあり,大量の種類の商品が市場に出回ることを示している。これはロングテールのしっぽの部分を増加させるという現象を引き起こす。このような現象を顕著にみることができるのは,欧米での自費出版業界を含む出版業界である。

　第2の要因は「流通システムの民主化」である。そこで大きな役割を果たすのがインターネットの普及である。その代表的な例が出版業界におけるインターネットを用いたオンデマンド出版やダウンロードサイトなどの仕組みの発達である。出版業界では,オンデマンド印刷によって,絶版本がなくなる一方で,誰でも自費出版できる仕組みを手に入れている。そのため,扱う品数がここ数年で20％以上増加する書店もあるとされている。つまり,インターネットの利用によって出版社が流通システムの1つになったのである。代表的な事例としてキンドルが挙げられる。流通システムとしてインターネットを用いることで,多くの人々に商品を届ける仕組みを手に入れたことになる。そして,それはテール市場での商品の取引が容易な状態が高まることを示しており,したがって消費が増え,販売数が増加することを示している。このようにインターネットを用いた流通システムでは,物理的な商品を扱うことができにくい。物理的な商品(書物,ファッション,雑貨,インテリア,等)をどのように運ぶのか,という点が問題になる。そこで重要ではあるがあまり議論されていないこととして「宅配業」の発達があり,この問題を解決しているのである。そして,この点もロングテール化の要因の1つとして挙げることができると考えられる。

第3は，インターネットを用いた「需要と供給を結び付ける仕組み」の開発である。これは，消費者にどのような商品があるのか，を気づかせる仕組みであり，グーグルでの検索などが代表的なものとなる。これにより，消費者の探索コスト（心理的なコスト）を下げることができることとなった。また，各小売サイトや各企業のホームページで見られるレコメンデーションの仕組みも，この要因に含まれる。その代表的な事例としてアマゾンがある。最後に，消費者同士のブログもこの意味では大きな役割を果たすと考えられている。

　このような3つの要因がロングテール化を推進し，ロングテールビジネスという新たなビジネスにつながることになる。生産手段の民主化は星の数ほどの生産者を増加させることに関連するし，効率的な（デジタル）流通システムは新たな市場を生んでいる。消費の個人化，嗜好の多様化によって生み出された商品と顧客を関係づける仕組みはさまざまなレコメンデーションやマーケティング手法へのつながり，事実上新しい情報発信源になっている。

ロングテールビジネス

　このような現象からAnderson（2006）はロングテールビジネスを提唱することになる。そして，彼は，現在ロングテールに関して分かっていることとして以下の点を挙げている[2]。

①現実，すべての市場において，ニッチ商品はヒット商品よりもはるかに商品数が多い。生産手段が安くなり一般に普及すれば，ニッチ商品の割合は急速にもっと高まる。

②ニッチ商品を入手するコストが劇的に低下した。デジタル流通，優れた検索技術，ブロードバンドの普及といった要素の後押しで，インターネット市場は小売のビジネス・システムは根本から変化しつつある。具体的には，立地の限界を超えるようになってきた点である。その上で多くの

市場で提供できる商品の種類は実に多様になった。
③多様な選択肢を提供しても，それだけで需要は増えない。消費者がそれぞれの必要性や興味に合わせてニッチ商品を見つけられるような方法を提供しなくてはならない。そのためには特定の手段や技術（レコメンデーション，人気ランキング等）が必要である。こうした「フィルタ」は需要をテールへ導くことができる。
④選択肢が幅広く多様で，なおかつそれを整理するフィルタがあれば，曲線は平坦な形になる。ヒットもニッチもどちらもまだ存在するが，ヒットは以前より人気度が低く，ニッチへの需要は高くなる。
⑤ニッチ商品を全部足せば，ヒット市場に（たとえ勝てなくても）肩を並べるほど大きな市場になる可能性がある。ニッチ商品には飛ぶように売れる商品はないが，数はたくさんある。それらをすべて合わせればヒット市場と匹敵する。
⑥以上の要素が揃えば，流通経路の狭さ，情報不足，商品スペースの限界に影響を受けない自然な曲線が表われる。

このようなロングテール化をビジネスに取り込みやすい業態として，前節の3つの要因から次のような業態をロングテールビジネスとして挙げている（図表9－3）。

図表9－3からみると，ロングテール化をビジネスとして組み込みやすい

ロングテール化の要因	ビジネス（業態）	事　例
生産手段の民主化	ロングテールの生産者 手段の生産者	自費出版する作家等
流通手段の民主化	ロングテール（商品）の集積者	アマゾン，楽天，イーベイ，ネットフリックス
需要と供給の一致	ロングテールのフィルタ	グーグル，ラプソディー
2つの要因より	集積者によるレコメンドシステム	アマゾン，楽天

図表9－3　ロングテール化の要因とビジネス（業態）

（出所：Anderson, 2006, p.76, 上図, 加筆修正）

業態として,小売業,特にロングテールの商品を集積できる企業であることが分かる。その代表的企業がアマゾンである。

III マーケット・バスケット分析と2つの注意点

　このようなロングテールビジネスの基礎となっているのが,データマイニングでのマーケット・バスケット分析である。マーケット・バスケット分析をイメージするには,誰かがスーパーマーケットで買ったさまざまな商品の入ったショッピングカートを思い浮かべてほしい(図表9-4)。本節については Berry & Linoff(1997)を基礎としている。

　図表9-4では,1人の買い物かごであるが,POSデータとして保存された買い物かごデータはすべての顧客の買い物かごを示している。つまり,マーケット・バスケット分析を行うことで,顧客が『何』を買ったかという情報から,「誰」が「どのような」特定の購買をするのか,という洞察を得ることができるし,また,どの商品が一緒に買われるのか,どの商品を販売促進すべきかが分かる。そして,このような結果は,店舗設計や特別陳列す

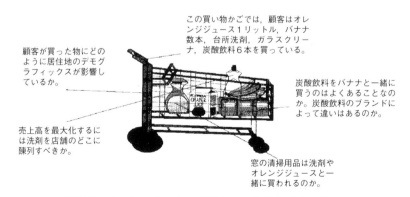

図表9-4　マーケット・バスケット分析のイメージ
(出所:Berry & Linoff, 1997, p.16, 図2-1)

べき商品（レコメンド＝おすすめ商品）の選定，併売活動をする商品（飲食業ではセットメニュー）の選択，また，これらのデータ購買日時のデータがあれば，クーポンやキャンペーンの行う時期などを決めることができる。

マーケット・バスケット分析は，第5章で説明したアソシエーション・ルールを用いている[3]。それ故，「同時発生」，「同期」している製品・サービスの購買を重視し，その製品間もしくはサービス間の関係に注目する。なお，この点については実例のところで詳しく説明する。

この手法の長所としては，①結果が明確に理解できる。②探索的なデータマイニングができる。などが挙げられる。一方，短所としては，①データの属性について限定的にしか扱えない。なお，この方法はシンボル値しか扱えない。②適切なアイテム数（商品数）の決定が困難である。③まれにしか購買されない商品については説明できない，などが挙げられる。

以上でマーケット・バスケット分析について説明してきた。このようなマーケット・バスケット分析を行う際に理解しておくべき点，注意点が下記の2つである。

マーケット・バスケット分析の注意点1：「有益なルール（仮説）」，「とるに足らないルール（仮説）」，「説明不可能なルール（仮説）」

マーケット・バスケット分析は，第5章で説明したアソシエーション・ルールを用いて構築できる。そこで構築されたルール（仮説）は明確で分かりやすい。しかし，いつも有効であるとは限らないのである。次に挙げるルール（仮説）は，実際のデータから求めたルールであり，データマイニングといえばこれらの仮説が挙げられる。

①木曜日にはスーパーでビールと紙おむつを一緒に買う。
②製品保証契約を付けた顧客は大型の家電商品を買う傾向がある。
③DIY店（ホームセンターのようなもの）の新規オープンでよく売れるものの1つがトイレットリングである。

この3つの例は，マーケット・バスケット分析でもたらされるルールの

3つのタイプ：「有益なルール（仮説）」,「とるに足らないルール（仮説）」,「説明不可能なルール（仮説）」を示している。

「有益なルール（仮説）」は説明・理解可能でしかもマネジメントとして実行可能な仮説である。①の例では，若い夫婦は週末用に紙おむつと夫のビールとを一緒に買うことを示しており，木曜日ということが分かっているのであれば，紙おむつとビールとを特売にかけることや目につくところに置くことなどの対応策ができるということである[4]。

マーケット・バスケット分析，もしくはデータマイニングはこのような有益なルールを見つけようとするのだが，残念なことに，その多くは下記でいう「とるに足らないルール（仮説）」,「説明不可能なルール（仮説）」がほとんどである。ただし，「その時は」ということを付け加えておくことにしよう。

「とるに足らないルール（仮説）」とは，その業界の人には誰にでもすでに知られているルールのことである。②の例では，われわれは大型の家電商品を買うときには同時に保証契約を付けることを知っている。その他の例としては，ペンキとペンキ用ブラシ，最近ではパソコンとインターネット回線のサービス，などである。特に後者の場合は，今までのマーケティング活動やセット商品を売った結果にすぎないかもしれないのである。なぜ，このようなルールが生み出されてくるのかといえば，他のデータマイニング手法よりも，顧客情報を用いないという意味でマーケット・バスケット分析は第3章で挙げた非集計のPOSデータに依存しているからである。それ故，その結果はその時のマーケティングキャンペーンをなぞっている，よく言うと確認しているという疑いがある。つまり，マーケット・バスケット分析の結果は以前のマーケティング活動の結果を測定しているだけかもしれない。そのために，マーケット・バスケット分析の結果のみならず，データマイニングで明らかになったことに対して，実務界の人たちは「そんなことはもう知っている」という反応が返ってくることがある[5]。そのために，データマイニングの有効性を疑い，否定的な反応をすることもある。

確かに，マーケット・バスケット分析のみならずデータマイニングは知識発見という名目で導入される[6]。しかし，そこでいう知識には「周知という意味でとるに足らない知識（仮説）」も含んでいるということを理解する必要がある。つまり，既存の知識を可視化するという機能があるということである。前述の例でいえば，自社のマーケティングに対する知識があれば，その確認をマーケット・バスケット分析で行っていると考えられるであろうし，マーケット・バスケット分析の違う利用法とも考えられる。

「説明不可能なルール（仮説）」は理解することができずアクションをとることができないルール（仮説）である。③の例では確かに明らかになったが，その原因が分からずマネジメントに生かせなかったとされている。このような仮説を明らかにするのは，現在利用しているデータでは明らかにならないのかもしれないし，そのほかの領域での追求が必要なのかもしれない。

このような理解すべき点，注意点を確認したのち，本書では，前述のマーケット・バスケット分析で短所とされる点について解決策を少し述べていくことにしよう。その第1が，②適切なアイテム数（商品数）の決定が困難であるという点であり，アイテムの分類軸に関するものであり，もう1つは③まれにしか購買されない商品については説明できないという点である。

マーケット・バスケット分析の注意点2：アイテムの分類軸とまれにしか購買されない商品

日々，小売業はもとより多くの企業において数え切れないほどのアイテム数（商品数もしくはサービス数）が存在し，しかも爆発的に増加している。そして，企業には日々の取引を通じて膨大な取引データが貯蔵されることになる。膨大な取引データを基にしたルール（仮説）を一般化するのには分類することが必要となる。そこで，アイテムには，製品コード（書物であるとISBN）やSKU（ストックキーピングユニット）があり，階層的に分類されている（図表9－5）。

図表9－5の中で，マーケット・バスケット分析で扱うアイテム数が増加

Ⅲ　マーケット・バスケット分析と2つの注意点

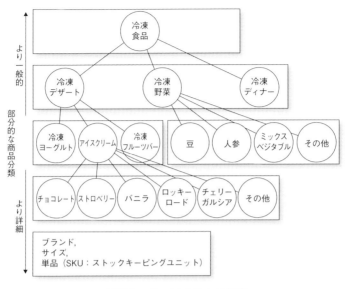

図表9−5　アイテムの分類
(出所：Berry & Linoff, 1997, p.28, 図2−4)

するとそれで生み出されるルール数は急速に増加し，店舗設計や併売活動に生かす際に大きな負担となる。その負担を小さくするために，つまり，ルールの一般化をするためには，上位の分類を用いることになる。例えば，「アイスクリーム」の代わりに上位の分類である「冷凍デザート」を用いるなどである。

　一方，製品のブランドや機能などが重視される場合（その商品でないと意味がない）はより詳細な製品コードなどでアイテム間の分析を行う必要がある。この例では，冷凍ピザの特定ブランドが何と一緒に購買されているかを知ることができれば，そのブランドのメーカーと小売店は協働して対処することが可能になる。このような対処策以外でも，この種の分析はよりマーケティング活動やそのほかの活動において実行可能性が高くなる。例えば，本書のパン屋の事例のように「あんパン」と「食パン」という間にルールが発見された場合，店舗設計（棚の設計）や併売活動に利用しやすくなる。

第9章　アソシエーションを用いて購買活動を関連づけ，顧客の気付きを促進する

　このように，一般化するのか，それとも詳細に分析するのか，という2つのレベルが考えられる。通常のマーケット・バスケット分析においては，最初に幅広いアイテム（一般化の程度の高い）で分析した後，ある特定に向けたルール生成を行うことになる。そして，このようなアイテムの設定については店舗における実現可能性や利益率などによってチェックすることが行われる。

　このように見てみると，製品コード等の商品それぞれを対象としたマーケット・バスケット分析のほうが有効であるように思われる。また，商品をあるアイテムの中で位置づけるということは定義の問題が常に付きまとう。ただし，問題点としてロングテールに含まれるような「まれにしか買われない商品」も対象にすることになる。これは，マーケット・バスケット分析において作成されるルールが複雑になることを示しており，前述したような説明不能なルールを生み出す可能性もある。しかし，ロングテールビジネスによるレコメンドシステム（おすすめ商品の提案）の構築の本来の意図は「まれにしか買われない商品」に対して，顧客の目を向けさせる，もしくは潜在的に持っているニーズに気づかせることにある。それ故，本書では，より具体的に実行可能性を上げるために具体的な商品名によるデータを用いる事例を提示することにしよう。

Ⅳ　パン屋さんのデータでマーケット・バスケット分析をする

　マーケット・バスケット分析及びレコメンドサービスを作成するためには，第2章での購買活動に関するデータ（購買記録，POSデータなど）が用いられる。このデータは前章のデータと同じである（図表8－6）。ここでは食品でしかも在庫がしにくい商品を選んでいるが，商品名に書物やＣＤタイトルまたは製品コードを挿入することで同様の分析を行うことができることを指摘しておく。

Ⅳ　パン屋さんのデータでマーケット・バスケット分析をする

図表9－6　データ型の編集

　アソシエーション・ルールは，未精製モデルとしてモデルパレットに作成される[7]。その他のマイニング手法で作成されたモデルと同様にブラウズして，一連のアソシエーション・ルールを表示することができる。しかし，未精製モデルであるために直接ストリームにおいてこれにデータを流すことができないという点がある。アソシエーション・ルールは，次のような形で示される。

・結果＜＝前提条件1＆前提条件2＆前提条件3————

・結果＜＝前提条件1（レコード（サンプル）数，サポート，確信度）

　なお，ここでは，Aprioriを用いて，アソシエーション・ルールを作成する。なぜなら，データフィールドがシンボル型であるためである。モデル構築にはほかのアルゴリズムと同様にデータ型の編集が必要である（図表9－6）。ここではフィールドの方向を「両方」に変更する。

　このように設定したデータ型ノードにAprioriノードを接続する[8]。なお，この方法はそのほかのモデル構築と同様であり，重要な点である。そして，モデル作成のノードでは，次のようにサポート及び確信度を設定しおくこと

167

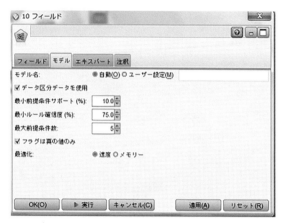

図表 9 - 7　確信度の設定：アイテム数の操作

にした（図表 9 - 7）。この確信度を低く設定することで，詳細なアイテム（製品コードに近いような）の分析も可能になる。なお，このモデルでは，確信度が 75％以上になるルール作成の設定をしている。

その結果，図表 9 - 8 のようなモデルを得ることができる。

図表 9 - 8 の見方としては，一行目は，買い物かごの中にすでに「クリームパン」と「卵サンド」が入っているときには，次に，「アゲパン」が入る可能性があるということを示している。この結果は，マーケット・バスケット分析の名前が示すように，ここの顧客のかご（マーケット・バスケット）にどのような商品が入っているのか，また何が入る可能性があるのかを示している。また，図表 9 - 8 で重要な変数が 2 つある。サポートと確信度である。

・サポート：前提条件を満たすレコードの全データでの割合；一般性をチェックするのに用いる。
・確信度（精度）：前提条件を満たしたレコードのうち，結論も満たしたものの割合；前提条件が起こったときにどの程度の割合で結論が起こるのかを示す。

これら 2 つの数字によって，ルールの信頼度を確認することができる。

Ⅳ　パン屋さんのデータでマーケット・バスケット分析をする

結果	前提条件	サポート %	確信度 %
アゲパン	クリームパン 卵サンドイッチ	10.814	83.529
アゲパン	ミックスサンド アップルパイ 食パン	12.087	83.158
アゲパン	卵サンドイッチ アップルパイ デニッシュ	11.45	82.222
食パン	ミックスサンド アップルパイ アゲパン	12.341	81.443
食パン	ミックスサンド アップルパイ デニッシュ	11.578	79.121
アゲパン	クリームパン 食パン	13.359	79.048
アゲパン	クリームパン アップルパイ	12.723	79.0
アゲパン	クリームパン ミックスサンド	11.45	78.889
アゲパン	卵サンドイッチ アップルパイ 食パン	12.595	78.788
食パン	クリームパン アップルパイ アゲパン	10.051	78.481
アゲパン	ミックスサンド 卵サンドイッチ アップルパイ	12.087	77.895

図表９－８　マーケット・バスケット分析の結果：モデルの内容

それ故，モデル構築の際に設定することもできるというのはルールの数を増やすことになる。なお，図表９－８の右上で26/26というのが見える。これが，この分析で明らかになったルール（仮説）の数である。

　増やすことで，アイテム数を増加させることができ，顧客のニーズへの気付きも促進できるかもしれないが，重要ではないルールや説明不可能なルールも生み出すことになる。

　マーケット・バスケット分析及びレコメンドシステムの最終的な目的は，顧客にまれにしか売れない商品に関心を持ってもらうことであり，おすすめ商品にする方向性を明らかにすることである。そこで，本章で用いているデータでは，「あんパン」と「ベーグル」があまり売れていないことが分か

第9章 アソシエーションを用いて購買活動を関連づけ，顧客の気付きを促進する

結果	前提条件	サポート %	確信度 %
メロンパン	食パン	49.237	11.886
ベーグル	ミックスサンド	39.44	11.613
ベーグル	デニッシュ	47.455	11.528
あんパン	クリームパン アップルパイ アゲパン	10.051	11.392
あんパン	ミックスサンド アップルパイ アゲパン 食パン	10.051	11.392
あんパン	アップルパイ アゲパン 食パン	14.631	11.304
あんパン	ミックスサンド アゲパン デニッシュ 食パン	10.178	11.25
あんパン	卵サンドイッチ アゲパン デニッシュ	13.613	11.215
あんパン	アップルパイ 食パン	21.628	11.176
メロンパン	アップルパイ	45.547	11.173

図表9－9　まれにしか売れないものへ関心を向けるために

る（図表9－2）。ここでは，「あんパン」と「ベーグル」に関連するルールを導くために確信度を操作（確信度を10に設定）し，再分析を行った。その結果得られたのが図表9－9のモデルである。なお，同じモデルではあるが，確信度において操作しているために，より多くのルールがそこに含まれている。

図表9－9から，「あんパン」をおすすめ商品にするには，アップルパイを買う顧客が多いとき，もしくは売れる日時におすすめ商品にするということになる。

1）マーケット・バスケット分析の結果の利用法：顧客の気付きを促進する

以上のようにマーケット・バスケット分析では，アイテム間の関係につい

てのルールを明らかにする。その目的は，顧客の気付きを促進することにある。そこで，このような結果をどのように店舗で用いるのか，つまり，活用法には以下の4つが挙げられる。

　第1は，セール及びキャンペーンを行う商品，サービスの選定である。まず，ここでいう前提条件になる商品のセールス（安売り）を行うことで，結果に入る商品が増加する場合がある。具体的にはスーパーにおいてカレー・ルーなどがそれに当たる。次に，売りたい商品（結果）がある場合，前提条件に入る商品のセールを行うことは有効であろう。

　第2は，店舗設計である。店舗設計では，このルールで導き出されたアイテムをとなり合わせるように設置することになる。また，店舗設計までいかずにどの商品をどのように棚に設置するのか，という問題にも用いることができる。

　第3は，併売活動，いわゆるセット販売である。そこでは，少し困惑するかもしれないが，結果に含まれる商品を軸に確信度の高い前提条件に含まれる商品と組み合わせることになる。最近では，インターネットビジネス，特にコンテンツ産業において無料と有料の組み合わせが重視されている（Anderson, 2009）。今後この両者の組み合わせに用いることが考えられる。

　第4は，レコメンドシステムの構築（おすすめ商品の選定）である。図表9－9の見方としては，1行目は，買い物かごの中にすでに「クリームパン」と「卵サンド」が入っているときには，次に，「アゲパン」が入る可能性があるということを示した。この結果から，「クリームサンド」と「卵サンド」を買う顧客には「アゲパン」をおすすめ商品にするということである。これは，アマゾンなどで見られる「この商品を買うお客は以下の商品も買います」というレコメンドの仕方になる。これが第1の方法である。

　それともう1つのレコメンドの方法がある。それは，顧客個人の購買動向からおすすめ商品を選定することである（第2の方法）。第8章では，顧客の購買動向からセグメンテーションを行った。そこで，本章では，前述の顧客セグメントを前提条件にし，マーケット・バスケット分析を行う（図表

第9章　アソシエーションを用いて購買活動を関連づけ，顧客の気付きを促進する

図表9－10　誰にどのようなレコメンドをするのか。

9－10)。

　その結果，セグメント02に含まれる顧客であれば「アップルパイ」を，セグメント20に含まれる顧客であれば「食パン」をレコメンドする。つまり，おすすめ商品にすることになる。また，RFM分析のスコアを基礎にセグメント化し，それを前提条件にして，マーケット・バスケット分析を行うという方法も考えられる。それによって，優良顧客，もしくは優良でない顧客に何をレコメンドすればよいのかが明らかにできると考えられる。その上で，優良でない顧客を優良な顧客にするためのレコメンドシステムが構築できるのではないかと考えられる。

　このように誰に何をレコメンドするのか，というところを個人レベルに落とし込んだのが，アマゾンで見られる顧客個人に対するおすすめ商品のところである[9]。

　つまり，レコメンドの方法としては2種類ある。1つは，時間経過は関係なく，ある商品を選択したことを軸におすすめ商品を提案する方法である。もう1つの方法は，時間経過も含めて，各個人の購買行動（履歴）からお

すすめ商品を提案する方法である。なお，後者についての分析方法として，シークエンス分析と呼ばれる方法がある。本章で用いた事例では，商品間に後先（時間経過）や優先順位が存在しない。しかし，大型家電などを中心に，商品間で後先（時間経過）が重要な商品も存在する。例えば，パソコン，ディスプレイ，プリンター，デジタル・カメラ，各種メディア等の間には，パソコンが最優先されるであろう。このような場合に有効なのがシークエンス分析という方法である[10]。

　以上のように，本章では，マーケット・バスケット分析の背景となっているロングテール現象やその現象を取り込んだビジネスであるロングテールビジネスについて説明した後で，マーケット・バスケット分析について説明してきた。その上で，より具体的にパン屋さんを事例にどのようにマーケット・バスケット分析を行い，おすすめ商品を選定するのか，について提案してきた。最後にこのようなビジネスがどのような市場の変化を引き起こしているのか，を説明することにしよう。

2) ロングテールビジネスが引き起こした商圏の拡大

　レコメンドシステムにみられるマーケット・バスケット分析の結果は，顧客が自ら欲しい商品を検索することを自動化し，探索をしなくて済むようになってきている。この点から，顧客の気付きが促進され，ますます消費の個人化が促進されることになる。そこで企業としてこのような消費の個人化が進む，ロングテール化が促進すればするほど，より効率的な流通システムが必要となる。それを支えているのが，近年発達してきた宅配業である。また，製品在庫についても倉庫業の発達があり，在庫を持つコストも下がっているし，アマゾンなどではメーカーと共同することで，在庫をバーチャルに行うことをしている（Anderson, 2006）。このようにインターネットサイト，宅配業，倉庫業などが組み合わさってできているのが，ロングテールビジネスである。言い換えると，インターネットなど情報技術の進化のみでは

第9章 アソシエーションを用いて購買活動を関連づけ，顧客の気付きを促進する

ロングテールビジネス，もっと言うと，いわゆるインターネットビジネスは成立しない。

その結果引き起こされてきたのが，市場に対する考え方の変化である。ここで市場とするが，第4章で説明した「商圏」という概念である（図表4−7）。

ロングテール以前のビジネスでは，物理的に定義された「商圏」の中である商品に対する顧客を探し出す必要があった。つまり，立地がビジネスにとって重要であった。しかし，ロングテール現象がみられる現在においてこのような商圏についての考え方が変化した。商圏とロングテール現象との関係についての考え方を整理したのがAnderson（2006）である。彼は，物理的な商圏を持つ小売業（タワーレコード）と，デジタルな商圏を持つ小売業（ラプソディーなどダウンロードサイト），そして，その中間の小売業（アマゾン）という区別をし，それをロングテール現象という図表と組み合わせたのが図表9−11である。

図表9−11をみると明らかであるが，物理的商圏を持つ小売業では，ロングテールのヘッド（ヒット商品）を扱うことで利益を得る構造になっている。物理的商圏を持つ小売業にとって，テールのほうの商品を扱うことは，その物理的な商圏の中で顧客を探すことができるか，できないか，分からな

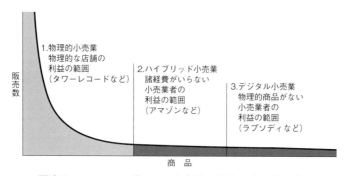

図表9−11　ロングテールと商圏に関する考え方の違い

(出所：Anderson, 2006, p.118)

174

いためである。しかし，先ほど述べた宅配業の発達，倉庫業の発達などは，物理的な商圏を超えることができるためにテールのほうの商品を扱うことが可能になる。つまり，より消費の個人化に対応した商品を扱うことになる。アマゾンなどではそのような商品（実店舗で扱わない商品）を扱うことで利益を得ているとしている。もっとデジタルに近いほうになるとインターネット回線のみで取引が可能なためにもっとテールのほうの商品を扱うことができる。例えば，ダウンロードを用いたオンライン出版（デジタル書籍）やDVD等の動画及び音楽などである。

このように見てみると，既存の物理的な空間を中心とする商圏がより広範囲な物理的に限定をされない空間へ広がっていることが分かる。つまり，このようになるとビジネスの重要な要素であった立地がある特定の業種にとっては意味がないようになることである。しかし，このようなロングテールビジネスを成功させるには，2つの要因が必要である（喜田，2010）。

1つは，顧客がインターネットを通じて欲しい商品を検索しやすくすることである。これは，本書で説明したレコメンドシステムをより進めて進化させることも重要なテーマであると考えられる。もう1つは，在庫コストを抑えながら，商品リストを増加させること，十分な品ぞろえをすることである。この2つの点を通じて，より広範囲で，もっと言うと，国際化され，より個人の消費化に対応したビジネス・システムを構築することができると考えられる。

POSデータでのデータ活用及びデータマイニングとデータ・サイエンスの領域

前述したように，データ・サイエンスは，①VISUALIZATION（可視化），②ANALYSIS（分析），③PREDICITIVE ANALYSIS（MODELING）（＝予測的分析）の3つの領域がある。

第8章と第9章では，POSデータを中心に，データ・サイエンスの一領

第 9 章　アソシエーションを用いて購買活動を関連づけ，顧客の気付きを促進する

域である Predictive analytics（MODELING）に含まれる機械学習を用いるマーケット・セグメンテーションやマーケット・バスケット分析などについて説明してきた。そこで，ここでは，VISUALIZATION（可視化）と ANALYSIS として位置づけられるデータ活用について説明することにしよう[11]。それを通じて，データ・サイエンスの領域とデータマイニングでのデータ活用の関係をより明確にすることにしよう。

① VISUALIZATION（可視化）

　この領域では，単に売上個数などの「集計」がこの例に当たる。つまり，どの商品が売れているのか，を明らかにしようとする。それを示すのが図表 9 － 12 である。

　この例であると，食パンが一番売れており，アンパンが売れていないことなどが明らかになる。このような集計は通常業務で特に行われており，ビジ

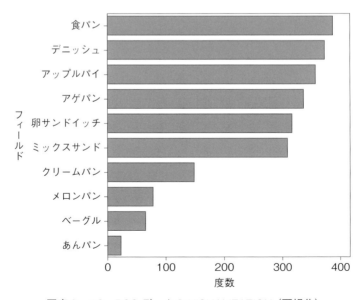

図表 9 － 12　POS データの VISUALIZATION（可視化）

V POSデータでのデータ活用及びデータマイニングとデータ・サイエンスの領域

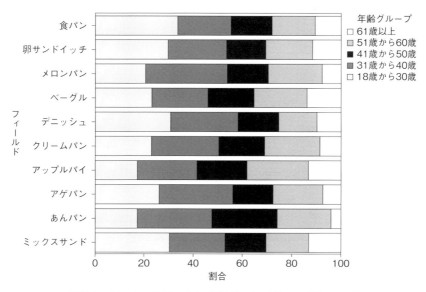

図表9-13 POSデータと顧客データでのアナリシスの例

ネスにおけるデータ活用の第1段階，最初のステップであると考えられる。

② ANALYSIS（分析）

この段階では，POSデータに加えて，顧客データと統合した分析が行われる。つまり，「誰が何を買っているのか」ということを明らかにしようとする。その結果が図表9-13である。

このように，どのような年齢層がどの商品を買うのか，どの商品を買っている顧客がどの年齢層なのか，が明らかになる。なお，統計手法としてはχ二乗検定を用いることになる。

そして，このような2つの段階及び領域は，第6章及び第7章でのデータにおいても存在する。

その上で，このようなデータ・サイエンスでの分類は，次章でのテキスト

マイニングの整理と対応しており，その基礎となっている。

おわりに：ここまで

　第6章，第7章，第8章，第9章を通じて，データマイニングでのアルゴリズムを用いて，具体的にデータを扱うことで，金融機関での与信限度枠の設定（不良債権者の予測），乗換，途中解約者；顧客離反の問題，マーケット・セグメンテーション，セール商品の選定，店舗設計やおすすめ商品の設定などの経営課題にどのように対処するのか，を挙げてきた。また，本書ではその実例を挙げる前に，その理論的な議論を提示することで，その領域を研究する際にデータマイニングをどのように用いるのか，という学術的な利用法に関連するようにもしてきた。なお，経営学と関連づけることを意識したために実務界においてもどのような背景でデータマイニング及びデータ・サイエンスを位置づけるのかを提示してきた。

　以上がデータマイニング独自の利用法である。そこで，次章では，データマイニングの応用としてテキストマイニングを位置づけ，その説明を行っていくことにしよう。その上で，テキストマイニングのデータ・サイエンスでの位置付けなどを説明することにしよう。

注

1　本節では，Anderson（2006）の第4章を基礎とした。
2　Anderson（2006）pp.70-71 より。
3　詳しくは Tan,Steinbach & Kumar（2006）第6章及び第7章及び Linoff & Berry（2011b）を参照されたい。
4　この仮説はデータマイニングの神話であるとする見解もある（Davenport & Haris, 2007）。
5　著者が実務界と行っている共同研究でもよく議論されている。
6　データマイニングと知識発見（KD；knowledge discovery）との関係については，Larose（2004）等を参照されたい。また，知識発見という点からデータマイニングについて説明している雑誌が公刊されている。
7　ここでいう未精製モデルとはストリーム上に展開して用いることができないという意味である。反対に決定木やニューラルネットワークはストリーム上に用いることができるために，ルールとして提示される。

Ⅴ　POS データでのデータ活用及びデータマイニングとデータ・サイエンスの領域

8　なお，ここで用いるストリームについては付録を参照されたい。
9　読者自身でアマゾンのホームページでこのような点を確認してほしい。
10　シークエンス分析に用いるアルゴリズムについては Tan, Steinbach & Kumar（2006）pp.429-441 を参照されたい。
11　この点については，喜田・日本情報システム・ユーザー協会（2018）第 4 章を参照されたい。そこではデータ活用のレベルを議論している。また，POS データなどバイナリーデータの問題点についても議論している。それは，POS データであれば，売れていない商品を，テキストマイニングのデータでは，書いていない言葉のデータを収集する傾向があることである。つまり，1 ではなく，0 のデータを収集することであり，これを分析する意味を考える必要があるということである。

第10章

データマイニングの応用としてのテキストマイニング：データ・サイエンスの中のテキストマイニング

> **キーワード**
> テキストマイニング，テキストデータの構造化，VISUALIZATION（可視化），ANALYSIS（分析），PREDICITIVE ANALYSIS（MODELING）（＝予測的分析），著者判別，話題のクラスタリング

はじめに

　本書では，ビジネスでデータマイニングの活用する方法を説明してきた。本章では，データマイニング手法をデータ・サイエンスでのもう1つ重要な手法であるテキストマイニングに応用する方法について説明する[1]。なお，ここではアカデミックな利用法を中心としていることを注記しておくことにしよう。

　テキストマイニングは最近のビッグ・データの一部であるテキストという「非構造化データ」を対象にする。そこで，まず，データ・サイエンスの中でのテキストマイニングを位置づけ，定義を行った後，テキストマイニングの流れ（作業手順）を説明する。その後，データ・サイエンスの① VISUALIZATION（可視化），② ANALYSIS（分析），③ PREDICITIVE ANALYSIS（MODELING）（＝予測的分析）に応じて，自己の研究例を挙げながら説明することにしよう。

I テキストマイニングとは：データ・サイエンスの中で

　喜田（2018）では，テキストマイニングを，現在のビッグ・データやテキストマイニング及びデータ・サイエンスの議論から，「テキストデータを，言語処理技術を用いて構造化データ・変数に変換し，それを基に知識発見，仮説発見及び仮説検証を行う手法」と定義した。少し一般的，広義的にいうと，「テキストマイニングは非構造化データの定量化及び構造化の手法である」ということである。このように定義することと関連して，第2点がデータマイニングでは構造化データを扱い，テキストマイニングでは非構造化データを扱うことを意識することである。つまり，テキストマイニングは非構造化データを構造化データに変換する技術であるということである。そして，その目的はモデル構築であるとする点が，前著とは大きく異なる。つまり，非構造化データ→言語処理技術→構造化データ→モデリングという段階を経るということである。

　本書第3章で取り上げた CRISP_DM がデータマイニングの作業手順であったことから，テキストマイニングでの作業手順を新たに検討，構築する必要性がある。データ・サイエンス及び非構造化データの取り扱い方などの議論と著者の今までの作業手順から，テキストマイニングの流れ（作業手順）を整理したのが図表10-1である。

　図表10-1は，テキストマイニングの一連の流れ，作業手順を示しており，テキストマイニングをシステム化するための要件でもある。

①データ収集
　各種「非構造化データ」を定量的なデータとともに収集する。

②前処理（テキストマイニングでのデータクリーニング）
　テキストマイニングでのデータクリーニングでは，喜田（2018）第5章

Ⅰ　テキストマイニングとは：データ・サイエンスの中で

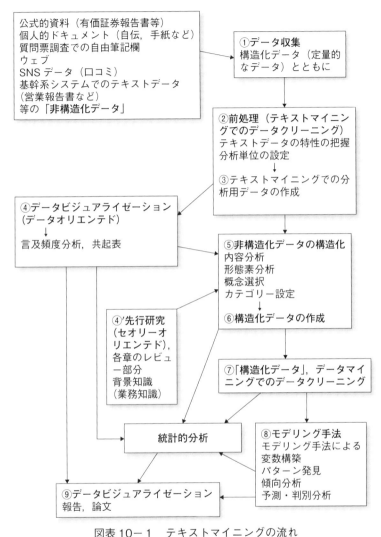

図表10-1　テキストマイニングの流れ

（出所：喜田，2018）

で議論する資料論と対象となるテキスト特性の把握（コンテクストの共通化及び固定化），長いドキュメントだと分析単位の設定などを行う。

コンテクストの共通化及び固定化は簡単にいうと，言語資料を混在させて

はいけないということである。この点はテキストマイニングが基礎となる内容分析等のコミュニケーション研究での前提となっている（Krippendorff, 1980）。なぜなら，言語資料が混在している状況であると同じ言葉が出てきたとしても意味が異なるからである。つまり，内容の違いではなくコンテクストの違いであると考えられるからである。テキストマイニングはコンテクストの違いを分析することはできない。それ故，前処理としてコンテクストの共通化を図る必要があり，もしくはハイ・コンテクストの言語資料を選択することになるのである．そして，経営学の領域で，アニュアルレポートもしくは有価証券報告書を対象とした研究が多いのもこの点が理由である（喜田，2007；2018）。

　また，後述するように分析用データを作成する際に1700字程度の分析単位に設定することになる。「私の履歴書」など一般的書籍の場合はその全体のテキストをどのように分割するのかを検討する必要がある。このようにツール上の必要性及び限界からデータを分割することも必要になるであろうし，研究テーマによって分割する必要性があるかもしれない。例えば，「私の履歴書」であれば全人生が書かれているが仕事の期間のみ（キャリア）のテーマに限定するほか，年次が重要であれば，年次ごとに分割するなどの検討が必要である。また，会議資料であれば，発話者を限定するなどの検討も必要であろう。このようにテキストデータの特性と研究テーマの関係からテキストデータの分割を行うことがここでいう前処理の重要な点である。

③テキストマイニングでの分析用データの作成
　その作業手順を経て，分析用データを作成する[2]。一般的な分析用データは図表10－2のようになり，エクセルなどを利用して作成する。なお，注意点としてはエクセルでデータ作成は行うが，エクセルのマクロを使うことは厳禁であるということである。なぜなら，現在のツールはエクセルのマクロを読み込むことができないからである。

Id(ドキュメントid)	テキスト部分	年次(出現)	個人・企業属性1	個人・企業属性2	個人・企業属性3	質問票調査でのその他の項目など	テキスト属性
1							
2							
3							

図表10－2　テキストマイニング用分析データ

(出所：喜田，2018)

④データビジュアライゼーション（データオリエンテド）

　まず，そのデータでの言及頻度分析及び共起表を作成する。前者の言及頻度分析では，テキストの中でどのような概念，言葉が多いのか，を明らかにし，そのテキストの特性を明らかにする。次の共起表では概念間の関係を明らかにすることになる。この作業はデータ・サイエンスでは，データヴィジュアライゼーション（データ表現）の一部として考えられ，この結果は，次の段階の概念選択や分析する視点の提示の基礎となる。例えば，言及頻度の多い言葉及び概念を選択する，などである。この段階は，テキストマイニングにおいてはデータオリエンテドな分析視点といえる。なお，データヴィジュアライゼーション（データ表現）にはもう1つのタイプがあり，⑨で示されるように報告，プレゼンテーションなどを効果的に行う方法を考察する方向であり，グラフ化セオリーなどが含まれる（Tufte，1990；Tufte，2006；Mazza，2009；Nussbaumer，2015；高間，2017）。

④′　先行研究（セオリーオリエンテド）や背景知識から

　前述したように，データオリエンテドな分析視点の構築，概念選択の一方で，先行研究のレビューや背景知識，業務知識から概念選択及び分析視点を構築する方法がある。それが，セオリーオリエンテドな分析視点といえる。なお，各領域でテキストマイニングを用いている先行研究については喜田（2018）の序章の第3節及び参考文献を参照されたい。そこで，どのような

データに注目し，どのような言葉，概念を選択しているのか，を確認する必要がある。つまり，テキストマイニングを用いる研究にはこの2つの方向性があるということである。

⑤非構造化データの構造化

　この段階がテキストマイニングにとって最も重要な段階である。それは，非構造化データ，テキストデータを構造化する段階である。この段階には大きく2種類が存在する。1つは，④での言及頻度分析等の頻度分析を中心とする手法であり，内容分析と形態素分析，そして，内容分析ソフトの代わりに，概念選択を行った上で言及頻度分析をする方法である。これは，テキストの特性，ある言葉の言及頻度や，形態素，例えば，名詞の数などのように定量的な変数に変換する方向である。もう1つは，カテゴリー設定や概念選択は同様であるが，データを0（なし）と1（ある）というバイナリーデータに変換する方法である。両者の違い，注意点を挙げると次のような点になる。

　第1は，言及頻度分析を中心とする場合は，言及頻度自体に理論的な意味があるに限られることである。

　第2は，対象とするテキストの分量（ロングか，ショートか）とサンプル数によることである。公式的資料などのロングの場合は，言及頻度を取る必要があるかもしれないが，質問票調査の自由筆記欄などショートの場合は，あまり意味がない可能性がある。次に，SNSデータ用にサンプル数が増大な場合，全体のデータの把握という意味でいえば，テキストをバイナリーデータに変換することの意味のほうが重要になる。

　第3は，用いる統計的手法が異なる点である。前者は，相関係数の分析などを行うことになるだろうし，後者はχ二乗検定などのノンパラ手法が中心となる。

⑥構造化データの作成

Ⅰ　テキストマイニングとは：データ・サイエンスの中で

受講者ID	性善説	部下一人	行動力	上下関係	下	性別	状況下	適性	資生堂人	○○性	実行	重要性	リーダー
1	0	0	0	0	0	0	0	0	0	1	0	0	0
2	0	0	0	0	0	0	0	0	0	0	0	0	0
3	0	0	0	0	0	0	0	0	0	0	0	0	0
4	0	0	0	0	0	0	0	0	0	0	0	0	0
5	0	0	0	0	0	0	0	0	0	0	0	0	0
6	0	0	0	0	0	0	0	0	0	0	0	0	0
7	0	0	0	0	0	0	0	1	0	0	1	0	0
8	0	0	0	0	0	0	0	0	0	0	1	0	0
9	0	0	0	0	0	0	1	0	0	0	0	0	0
10	0	0	0	0	0	0	0	0	0	0	0	0	0
11	0	1	1	0	0	0	0	0	0	0	0	0	0
12	0	0	0	0	0	0	0	0	0	0	0	0	0
13	0	0	0	0	0	0	0	0	0	1	0	0	0
14	0	0	0	0	0	0	0	0	0	0	0	0	0
15	0	0	0	0	0	0	0	0	0	0	0	0	0
16	0	0	0	0	0	0	0	0	0	0	1	0	0
17	0	0	0	0	0	0	0	0	0	1	1	0	0
18	0	0	0	0	0	0	0	0	0	0	0	0	0
19	0	0	0	0	0	0	0	0	0	0	0	0	0
20	0	0	1	0	0	0	0	0	1	1	0	0	0
21	0	1	0	0	0	0	0	0	0	0	0	0	0
22	0	0	0	0	0	0	0	0	0	0	0	0	0
23	0	0	0	0	0	0	0	0	0	0	0	0	0
24	0	0	0	0	0	0	0	0	0	0	0	0	0
25	0	0	0	0	0	0	0	0	0	0	0	0	0
26	0	0	0	0	0	0	0	0	0	0	0	0	0
27	0	0	0	0	0	0	0	0	0	0	0	0	0
28	0	0	0	0	0	0	0	0	0	0	0	0	0
29	0	0	0	0	0	0	0	0	0	0	0	0	0

図表10－3　構造化データ

（出所：喜田・金井・深澤, 2013b, p.10, 表1）

このような段階を経て，図表10－3のような構造化データが作成される。

もしくは，言及頻度や形態素の数などの定量的変数とその他属性変数を含むデータを作成する。その後，図表10－1での統計分析を行うこともある。

以上までがテキストマイニング独自の作業手順である。以下はデータマイニングの手法が用いられる。それ故，データマイニングを中心にしてきた本書の今までの章が基礎となる。

⑦「構造化データ」，データマイニングでのデータクリーニング

これについては，本書第3章を参照されたい。

本書では，テキストマイニングでのデータクリーニング（非構造化データのデータクリーニング）とデータマイニングでのデータクリーニング（構造化データのデータクリーニング）とを区別していることが特徴の1つである。

⑧モデリング手法

これについては，本書第5章を参照されたい。

そして，このようにアルゴリズムを用いて変数を構築した後，統計的分析で検証を行うことができる（図表10−1中，統計的分析）。

⑨データビジュアライゼーション（分析結果の提示）

そして，以上の分析結果が論文や報告などにつながっていく。そこでは，④のデータビジュアライゼーションと異なり，グラフ化セオリーなどによって分析結果の見せ方などが中心となる（Tufte, 1990 ; 2006 ; Mazza, 2009 ; Nussbaumer, 2015 ; 高間, 2017）。

以上のような作業手順を用いてテキストマイニングを行うことになる。そして，構造化データに変換された後の流れはデータマイニングの段階と同じである。なお，テキストマイニングについては，喜田（2018）での参考文献リストを参照されたい。その中でも Feldman & Sanger（2007）がより一般的に議論している。その他ツール別に挙げると，Clementine 及び Text Mining for Clementine については，喜田（2008 ; 2018）を，IBM・SPSSText Analytics for Surveys については，日本 IBM 株式会社（2012）及び内田・川嶋・磯崎（2012），喜田（2018）などを参照されたい。また，IBM・SPSS Text Analytics については，安藤・喜田（2018）を参照されたい。kh コーダーについては，金（2007, 2009），樋口（2014），石田（2017），小林（2017ab）などを参照されたい。Text Mining Studio については菊池（2006）及び服部（2010）を，WordMiner については藤井・小杉・

李（2005）を，TinyTextMiner については松村・三浦（2009）などを参照されたい。

　テキストマイニングを，データマイニング及びデータ・サイエンスの 3 つの種類，段階① VISUALIZATION（可視化），② ANALYSIS（分析），③ PREDICITIVE ANALYSIS（MODELING）（＝予測的分析）に応じて，自己の研究例を挙げながら説明することにしよう。

II　VISUALIZATION（可視化）：言及頻度分析とウェブ分析

　データマイニング及びテキストマイニングの機能には，VISUALIZATION（可視化）という機能がある。これは，データの特性の可視化という意味であり，テキストマイニングでは，言及頻度分析や共起表，もしくはテキストマイニングの結果と属性との関係を可視化するのに用いるウェブ分析などがある[3]。

1）　言及頻度分析：内容分析ソフトの代替品

　テキストマイニングを用いると，どのようなテキストデータであっても最初の段階として言及頻度分析を行うことになる。言及頻度分析では，ある概念（言葉）もしくはカテゴリーがどの程度言及されているのかを調査することであり，テキストデータの中でどの言葉が多いのかを明らかにすることでその研究枠組みの方向性を決めるのに役に立つ。言及頻度分析の代表的な事例が内容分析ソフトの代替品として用いる場合である。

　喜田（2008；2018）では先行研究のレビューから，経営者の経歴に影響する要因として人間関係に注目した。そこで，人間関係とは，「私の履歴書」の中での登場人物である。まずサンプル全体での分析結果を提示することにしよう。その目的は，経営者の経歴に影響を与える人間関係の種類を明らかにすることである（図表 10 － 4 ）。

第10章　データマイニングの応用としてのテキストマイニング：データ・サイエンスの中のテキストマイニング

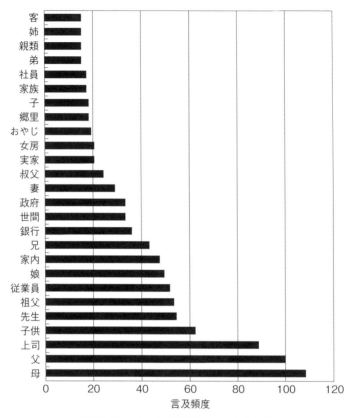

図表10－4　内容分析ソフトの代替品

（出所：喜田，2018）

　この結果，母，父等の両親，上司，子供，先生，祖父，従業員（＝部下）の順で出現することが分かった。なお，最近のツールでは，言及頻度とサンプル数を混同している可能性があることを注記しておくことにしよう。

2）ウェブ分析での可視化

　言及頻度分析の結果を用いてより深い可視化を行うのが，ウェブ分析である。ウェブ分析では，どのような言葉及びカテゴリーが同時に出現している

Ⅱ　VISUALIZATION（可視化）：言及頻度分析とウェブ分析

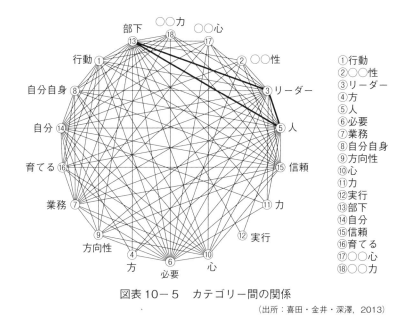

図表 10 − 5　カテゴリー間の関係
（出所：喜田・金井・深澤，2013）

のか，という共起と特性による共通点と相違点の表示が可能となる。

①共起

　共起表とは，あるテキストの中でどのような言葉もしくはカテゴリーが同時に出現しているのか，を示し，言葉間もしくはカテゴリー間の関係を示すものである。そこで，喜田・金井・深澤（2013）での分析結果を提示することにしよう（図表 10 − 5）。

　まず，この図表の見方であるが，①関係があれば，線で結ばれている。②線の太さは，関係の強さ，を示している。図表 10 − 5 は，どのようなカテゴリーが同期しているのか，共起しているのかを示している。また，ここでは，研究者及び分析者が仮説構築をしやすくするためにすべて関係がみられるものを提示しており，これらは操作可能である。その結果，「人」，「部下」，「リーダー」，「自分」，「必要」，「信頼」，「行動」，「業務」，「心」，「育て

る」などの間に強い関係があることが分かった。つまり，リーダーの持論にはこれらのカテゴリーが共通して含まれるということである[4]。

②特性による共通点と相違点の表示

　喜田・金井・深澤（2013）では，リーダーの持論と個人属性との間に統計的な優位があることを明らかにした。個人属性とリーダーの持論の内容（カテゴリー）の間にどのような関係があるのかを明らかにすることにしよう。そこでは，（1）所属（販社，本社，関係，工場，研究所，海外拠点）の違い，（2）地位（参事（＝初任管理職），課長，次長，部長）の違い，（3）勤続年数の違い，によって持論の内容，持論の記述に使用される言葉のカテゴリーにおいての共通点と相違点を明らかにすることにした。ここでは地位（＝資格）と持論でのカテゴリーの関係についての調査結果を報告することにしよう（図表10－6）。

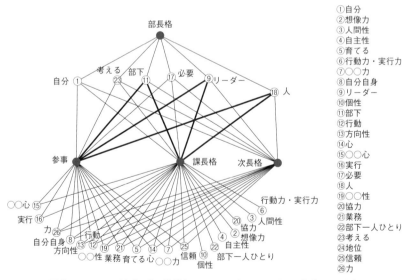

図表10－6　地位（＝資格）とカテゴリーのウェブグラフ分析

（出所：喜田・金井・深澤，2013）

喜田・金井・深澤（2013）の重要な発見事実は，地位によって，関係するカテゴリーに違いがみられることと課長で数多くのカテゴリーが見られるようになり，レイヤーが上がっていくとともに収斂する傾向があることである。

以上がウェブ分析で可能になる VISUALIZATION の例である。次に VISUALIZATION で重要な研究例として挙げられるのが，言葉の系時的追求である。

③言葉の系時的追求：概念の内容上の変化（＝認知変化）と経営成果の関係
　喜田（2006，2007）では概念数（名詞の数）の変化のみならず，より具体的にどのような概念が内容上に変化しているのか，どのような概念が出現してきたのか，また消えたのか，を明らかにした。そこで，ここでは，一般経済環境を示すもの，業界環境を示すもの，その他環境を示すもの，それと，アサヒの組織革新に直結するような概念を選択した。その目的はそのような概念がいつの時点で出現するのか，を明らかにするためである。なお，ここでは同一カテゴリーにあると考えられる概念をできるだけひとまとめにした。例えば，天候不順と冷夏などである。また，ここでは，シェア動向，経常利益，売上高の動向と概念の質的な変化の関係を調査した。その結果は図表10-7のとおりである。なお，この図表では，交点のところに印があるとその年次で出現していることを示している。また，色の違いがシェアの増減との関係を示しており，四角と三角の違いが売り上げの前年度比を示している。そして，印の大きさが経常利益の前年度比との関係を示している。
　以上の結果，アサヒの躍進の元になっている概念は1985年までに出現していることが明らかになった。この点から，アサヒの組織革新の前に大きな概念変化があったと結論づけることができる。しかし，研究期間を通じて，新たな概念が次々と出現する傾向があり，引き続き認知変化の程度が高いと結論づけることができよう。

第10章 データマイニングの応用としてのテキストマイニング：データ・サイエンスの中のテキストマイニング

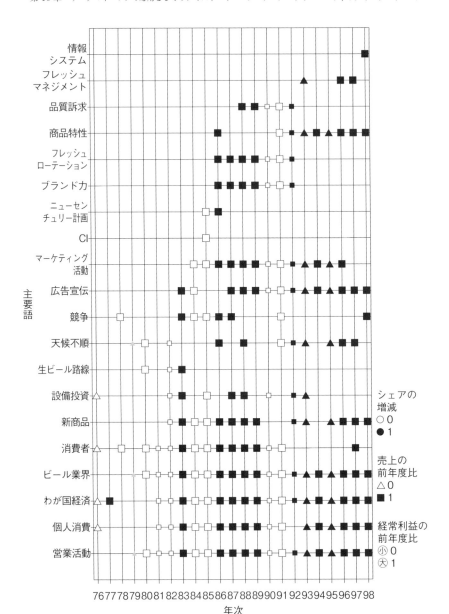

図表10－7　概念の内容の変化と経営成果との関係

（出所：喜田，2018）

以上がVISUALIZATION（可視化）と分類されるテキストマイニングの利用法である。この手法はツール上でいうと，グラフ機能を中心として行われる（Feldman & Sanger, 2007）。このような手法はテキストデータの言葉の状態（言及頻度，概念間関係，系時的変化など）を明らかにし，テキストデータ全体の特徴を把握することができる。

ANALYSIS（分析）：概念数の変化と各変数との関係

ANALYSIS（分析）はテキストマイニングの結果を統計的な分析手法を用いる利用法である。そこでは，通常の統計的な分析方法を用いて研究課題などを達成する。また，この手法はテキストマイニングの結果のみならず，経営学であれば各成果変数などの定量的な変数との分析が中心になる。この事例に当たるのが，アサヒビールの組織革新を認知変化の観点から分析した喜田（2006, 2007）である。

認知心理学，教育心理学においては，概念は名詞にほかならないとされており（御領・菊池・江草，1993），一般に，概念変化は名詞の数の変化と概念の内容の変化の2つに分けて分析される。

テキストマイニングでの形態素分析を行うことでこの点は簡単に行うことができる。テキストマニングソフトで名詞とされるものを選択し，棒グラフノードによって名詞の数（＝概念数）を各年次で集計したのが図表10－8のグラフである。

図表10－8から，アサヒにおいて1970年代後半はあまり概念数の変化は見られないが，1980年代前半に急激な概念数の変化が見られることが明らかである。1980年代後半から1990年代前半まで概念数が減少していることが分かる。その後，1994年では概念数が増加し，その水準にとどまっていることが分かる。なお，アサヒ躍進の基本となるスーパードライの発売は1987年であり，この商品の基盤となった組織革新は1985年度に行われてい

第10章　データマイニングの応用としてのテキストマイニング：データ・サイエンスの中のテキストマイニング

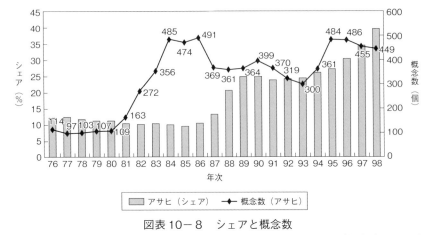

図表10－8　シェアと概念数

(出所：喜田，2006)

ることを明らかにしている。

　ANALYSIS（分析）を最も示すのが，喜田（2006）でのアサヒの概念数（名詞の数），経営成果（シェア，売上高，経常利益），一般経済環境，業界環境の間の相関分析である（図表10－9）。

　図表10－9から，アサヒにおいて概念数は，経常利益，売上高，業界環境と正の相関があり，一般経済環境は負の相関があることが分かる。なお，これらについては統計的に検証される結果を得ている。ただし，正の相関があるとしてもその数字は低く，この点は概念数の変化がこれらの変数より先行して起こっているためであると考えられる。

　以上がデータマイニング及びテキストマイニングでいうANALYSIS（分析）の事例である。このように，相関分析などの統計的な手法を用いることが中心となる。

IV Predictive analytics（予想・予言的分析）：著者判別と話題の分類

相関係数

		アサヒ (経常利益)	アサヒ (売上高)	アサヒ (シェア)	一般経済環境 (GDP成長率)	業界環境 (出荷量(kl))	概念数 (アサヒ)
アサヒ(経常利益)	Person の相関係数 有意確率（両側） N	1 23	.885 ** .000 23	.950 ** .000 23	-.701 ** .000 23	.692 ** .000 23	.501 * .015 23
アサヒ(売上高)	Person の相関係数 有意確率（両側） N	.885 ** .000 23	1 23	.972 ** .000 23	-.754 ** .000 23	.935 ** .000 23	.580 ** .004 23
アサヒ(シェア)	Person の相関係数 有意確率（両側） N	.950 ** .000 23	.972 ** .000 23	1 23	-.688 ** .000 23	.834 ** .000 23	.486 * .019 23
一般経済環境(GDP成長率)	Person の相関係数 有意確率（両側） N	-.701 ** .000 23	-.754 ** .000 23	-.688 ** .000 23	1 23	-.746 ** .000 23	-.634 ** .001 23
業界環境(出荷量(kl))	Person の相関係数 有意確率（両側） N	.692 ** .000 23	.935 ** .000 23	.834 ** .000 23	-.746 ** .000 23	1 23	.591 ** .003 23
概念数(アサヒ)	Person の相関係数 有意確率（両側） N	.501 * .015 23	.580 ** .004 23	.486 * .019 23	-.634 ** .001 23	.591 ** .003 23	1 23

**．相関係数は1%水準で有意（両側）です。
*．相関係数は5%水準で有意（両側）です。

図表10-9　各変数と概念数についての相関分析の結果

(出所：喜田，2006)

IV Predictive analytics（予想・予言的分析）：著者判別と話題の分類

　Predictive analytics は，データマイニングの一領域であり，マシンラーニングを中心に用いて，過去の事象から変数を構築して未来に起こる，未知のことを予想することである。その活用領域は，通信業界，金融業界などで用いられ，特に顧客の行動の予想，分類などを中心としている[5]。

　テキストマイニングの通常の用い方はウェブグラフ分析や言及頻度分析等のVISUALIZATION（可視化），統計的分析を行うANALYSIS（分析）が中心となっている。しかし，本来テキストマイニングでは，ある種のアルゴリズムを用いて，仮説検証及び仮説発見を行う手法であり，新たな変数を構築することである。そのアルゴリズムの説明については本書第5章もしくは喜田（2018）第3章を参照されたい。

第10章　データマイニングの応用としてのテキストマイニング：データ・サイエンスの中のテキストマイニング

図表10-10　ニューラルネットワークの内容
（出所：喜田，2018）

1）ニューラルネットワーク及び決定木による著者判別：「私の履歴書」の内容による判別

　ここでは，「私の履歴書」が，従業員型経営者の手によるものか，それとも創業者の手によるものかを予測・判別するモデル構築を行うことにしよう。予測・判別のモデル構築には，ニューラルネットワークと決定木が用いられる。

　ニューラルネットワークを用いて著者の属性判別を行ったのが図表10-10である。

　そこで，図表10-10において重要な項目について説明することにしよう。精度分析には，このニューラルネットワークに関する情報が示される。推定精度とは，これは正確に予測されたデータセットの割合を示している。57.1％での精度で予測されていることが分かる。そこで，このモデルの内容を見ると，知人，祖父母，出資者の順に重要であり，これを用いて判別・予

Ⅳ Predictive analytics（予想・予言的分析）：著者判別と話題の分類

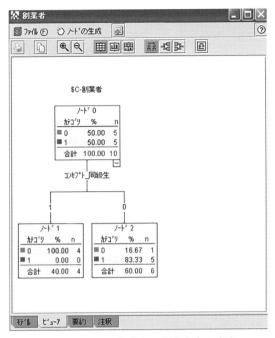

図表10－11　作成された決定木の内容
(出所：喜田, 2018)

測していることが分かる。

2）決定木による著者判別：「私の履歴書」の内容による判別

次に前節と同様に「私の履歴書」の著者の判別を行った結果が図表10－11である。

この結果，同級生という概念を用いて，著者を判別していることが分かる（図表10－11）。

このように見てみると，人間関係の概念を用いて，「私の履歴書」の著者が判別できるということが分かった。

以上のように，ニューラルネットワークと決定木を用いて著者判別を行う

方法について簡単に説明してきた。しかし,単独,一種類のアルゴリズムを用いてモデルを構築して終わるマイニングプロジェクトはほとんどなく,通常,2つ以上のアルゴリズムを用いてモデルを構築し,そのモデルを比較した上で推定精度が高いモデルを選択することになる[6]。

3）モデリング手法を用いたテキスト（持論）の分類

この方法は膨大なテキストデータを言語現象上の特徴（言葉,カテゴリー,形態素などの特徴）から分類するのに用いられる。また,分類することで,そのセグメントを変数として構築することで,仮説検証に用いることが可能になる。

そこで,ここでは,クラスタリング手法を用いてテキストデータ（ここでは,リーダーの持論）を分類し,そのグループと個人属性の関係を調査する。クラスター化手法は,似たような値もしくはパターンを持つデータレコードのグループを発見するのに使用される。この手法は,マーケティング領域,特に,マーケット・セグメンテーションに用いられる。その代表的なアルゴリズムにKohonenネットワーク（別名,自己組織化マップ）がある(Kohonen, 2001)。

それを示したのが図表10－12の散布図である。この図表は,喜田・金

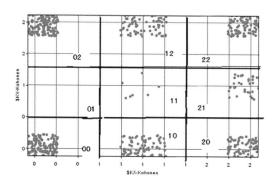

図表10－12　作成された散布図
（出所：喜田・金井・深澤,2013）

Ⅳ　Predictive analytics（予想・予言的分析）：著者判別と話題の分類

			クラスタ									合計
			00	01	02	10	11	12	20	21	22	
所属	海外拠点	度数	3	1	8	2	2	0	5	1	0	22
		所属の%	13.6%	4.5%	36.4%	9.1%	9.1%	.0%	22.7%	4.5%	.0%	100.0%
		クラスタの%	2.3%	1.3%	4.1%	2.2%	7.1%	.0%	1.8%	1.6%	.0%	2.1%
	関係会社	度数	12	7	28	13	4	10	30	7	20	131
		所属の%	9.2%	5.3%	21.4%	9.9%	3.1%	7.6%	22.9%	5.3%	15.3%	100.0%
		クラスタの%	9.1%	9.0%	14.4%	14.1%	14.3%	15.2%	10.5%	11.3%	16.7%	12.4%
	研究所	度数	4	6	15	0	0	5	7	1	1	39
		所属の%	10.3%	15.4%	38.5%	.0%	.0%	12.8%	17.9%	2.6%	2.6%	100.0%
		クラスタの%	3.0%	7.7%	7.7%	.0%	.0%	7.6%	2.5%	1.6%	.8%	3.7%
	工場	度数	4	3	22	7	3	6	13	3	7	68
		所属の%	5.9%	4.4%	32.4%	10.3%	4.4%	8.8%	19.1%	4.4%	10.3%	100.0%
		クラスタの%	3.0%	3.8%	11.3%	7.6%	10.7%	9.1%	4.6%	4.8%	5.8%	6.4%
	販社	度数	71	31	64	46	13	28	197	40	64	554
		所属の%	12.8%	5.6%	11.6%	8.3%	2.3%	5.1%	35.6%	7.2%	11.6%	100.0%
		クラスタの%	53.8%	39.7%	32.8%	50.0%	46.4%	42.4%	69.1%	64.5%	53.3%	52.4%
	本社	度数	38	30	57	24	6	17	33	10	28	243
		所属の%	15.6%	12.3%	23.5%	9.9%	2.5%	7.0%	13.6%	4.1%	11.5%	100.0%
		クラスタの%	28.8%	38.5%	29.2%	26.1%	21.4%	25.8%	11.6%	16.1%	23.3%	23.0%
	労働組合	度数	0	0	1	0	0	0	0	0	0	1
		所属の%	0.0%	0.0%	100.0%	.0%	.0%	.0%	.0%	.0%	.0%	100.0%
		クラスタの%	0.0%	0.0%	.5%	.0%	.0%	.0%	.0%	.0%	.0%	.1%
合計		度数	132	78	195	92	28	66	285	62	120	1058
		所属の%	12.5%	7.4%	18.4%	8.7%	2.6%	6.2%	26.9%	5.9%	11.3%	100.0%
		クラスタの%	100.0%	100.0%	100.0%	100.0%	100.0%	100.0%	100.0%	100.0%	100.0%	100.0%

図表 10 − 13　所属と持論の分類との関係

(n=1058, 出所：喜田・金井・深澤, 2013)

井・深澤（2013）でのリーダーの持論を内容から 9 つに分類した結果である。

　図表 10 − 12 は，サンプルを「リーダーの持論」を構成するカテゴリーの類似性から 9 つのグループに分類した結果である。このように分類したグループの番号（セグメント番号）を変数として構築し，それを個人属性と調査することで，リーダーの持論というテキストマイニングの結果と個人属性との間の検証を行うことができる。なお，詳しい方法については，喜田・金井・深澤（2013）及び喜田（2018）を参照されたい。この分析方法で得られた結果の 1 つが下記のとおりである。ここでは，所属と持論の関係についての分析結果は図表 10 − 13 で示される。

　図表 10 − 13 は，所属に関しては，大きく 2 つに分類されると考えられる。1 つは，海外，研究，工場，本社の 02 グループであり，もう 1 つは，

課　　題	アルゴリズム
著者判別；**計量文献学，歴史学での資料確定，真贋分析**	ニューラルネットワーク，決定木
話題の分類，**資料の分類**	Kohonen ネットワーク
話題と属性の関係	Apriori
話題間，概念間の関係	Apriori

図表 10-14　代表的なアルゴリズムとテキストマイニングでの利用法

（出所：喜田，2018）

関係会社，販社の 20 グループである。この分析結果はウェブグラフとの分析結果と合致する。その上で統計的に分析を行うと以下のような結果を得た。

χ 二乗検定もしくは，対称性による検定においても統計的に優位な結果を得ている（χ 二乗値 = 126.2，Cramer の V = .141，$p < 0.01$）。つまり，所属と持論のグループの間には統計的に有意な関係があることが示された。

以上のように，データマイニングのアルゴリズムを用いて，著者判別（予測，判別）と話題の分類（クラスター化；分類）の事例を示してきた。最後に，アルゴリズムとテキストマイニングでの利用法との関係で示すことにしよう（図表 10-14）。

これらの点については，喜田（2018）などを参照されたい。なお，太字で記載しているものは著者が用いることが可能であると考えている領域である。図表 10-14 で示した点については，今後の課題であると同時にテキストマイニングの利用可能性を拡大すると考えている。

おわりに

本章では，データ・サイエンスの領域，① VISUALIZATION（可視化），② ANALYSIS（分析），③ PREDICITIVE ANALYSIS（MODELING）（= 予測的分析）に応じて，自己の研究例を挙げながら説明してきた。そこでは，

データマイニングの手法がどのようにテキストマイニングで用いるのか，を明らかにしてきた。このようにデータマイニングとテキストマイニングで共通のアルゴリズムを用いることができるということは，この両者の結果を統合して分析できることを示している。それは「混合マイニング」と呼ばれる手法である（Zanasi, 2005；喜田, 2008；2010；2018）。

　混合マイニングでは，定量的変数のみの予測モデルや分析だけではなく，テキストマイニングの結果を変数として用いることにより，より精度の高いモデルの構築や分析が可能になる。

　その上で，テキストマイニングの結果を基にした分析を行うという変数の追加だけではなく，アルゴリズムを用いた新たな変数の構築の可能性を示唆している。混合マイニングはアカデミックな利用はもちろんのこと，ビジネス界での活用に幅を広げると考えられ，今後の大きな方向性の１つになると考えられる（喜田, 2018）。

　そして，最後に重要なのだが，各研究者はそのそれぞれの領域で専門的に研究しているために，データマイニングとテキストマイニングの間には隔たりがあることである。そこで，本書で提示した方法が，データマイニングを専門とする研究者とテキストマイニングを専門とする研究者の橋渡しになることを願っている。

　ここでは，テキストマイニングとデータ・サイエンスの関係を重視しながら説明してきた。しかも，どちらかというとアカデミックな利用法に力点を置いている。実務界での利用法については，喜田（2018）の序章でのマーケティング領域での先行研究や第10章での議論を参照されたい。

　以上がデータマイニングのビジネスでの活用法の説明である。そこでは，どのような理論的背景を持つのか，等に注視しながら説明してきた。また，どのような経営課題に利用するのか，についても事例を挙げながら説明してきた。最後の章では，これらの知識を基に，データマイニングの企画を書くということを示すことにしよう。

▍注

1 本章は，喜田（2014）及び喜田（2018）を再構成した。
2 テキストマイニングでの分析用データの作成については喜田（2018）第 5 章を参照されたい。
3 この点については，喜田（2007；2008；2010）を参照されたい。なお，喜田（2018）序章で提示した先行研究のほとんどがこのタイプである。
4 安藤・喜田（2018）でも同様の分析を行っている。
5 本書で挙げた事例以外，テキストマイニングではあるが，Bigus（1996），月本（1999），山鳥・古本（2001），大澤（2003；2006），那須川（2006；2009），中島・保井・神武（2011），豊田・菰田編（2011），Provost & Fawcett（2013）などがある。また，Davenport の一連の著作などがこの参考となる。また，病院経営ではあるが，原・三枝・石橋（2015）などもある。
6 本書第 7 章を参照されたい。

第11章
データマイニングの企画を立てる（大学生の立てた企画）

はじめに

本章では，学生が立てたデータマイニングの企画を取り上げる。本書は，2008年度から始まった講義が契機となって書き始めた。そこで課題として提示したのが，第5章で提示したアルゴリズム，データマイニングの機能を用いて，ビジネス上の課題に対応すべき，データマイニングの企画書を書くことである。

その中で著者が興味深いレポート（企画書）だと考えられる数例を挙げることにしよう。また，できるだけ，彼ら・彼女らの文章をそのまま掲載することにした[1]。ここでは，まずデータマイニングの機能別（予測・分類・連関）に整理している。そして，各学生に共通することは実際のアルバイト等の経験からその企画を立てるという傾向がある。

モデルの概説再掲

データマイニングは，第5章で説明したように予測・判別，分類，アソシエーションの3つの機能を持っている。

①予測・判別モデリングは教師あり学習（目的志向マイニング）とも呼ばれ，入力フィールドの値を使用して出力フィールドの値を予測する。Clementineには予測モデルを作成するノード（アルゴリズム）がニューラルネットワーク，2つのルール算出手法（決定木）などがある。なお，統計的な手法である回帰分析などもこの種類に入る。

②クラスター化手法は，教師なし学習（探索的マイニング）とも呼ばれ，これには出力フィールドの概念がない。クラスター化手法の目的は，データを入力フィールドで類似するパターンを示すもの同士のグループに分類しようとすることである。Clementineのクラスター化のアルゴリズムには，Kohonenネットワーク，K－Meansクラスター，TwoStepクラスターの3つがある。

③アソシエーション手法は一般化された予測モデリングと考えることができる。ここでは1つのフィールドが入力フィールドと出力フィールドの両方となることができる。アソシエーション・ルールは，ある特定の結果を1組の条件と関連づけ（連関）ようとする。Clementineには，AprioriとGRIという主要な2つのアソシエーション手法(アルゴリズム)がある。なお，これらには直結する経営課題があり，また変数の種類などによって用いるアルゴリズムが限定される（図表5－4）。このようなチェックポイントから評価したレポートである。

I　予　測

予測モデリングには，第6章及び第7章で説明したように，金融機関での金融市場予測や金融リスクの予測，通信業界での途中解約者の予測，また小売店での顧客離反，ホテル業界などのキャンセル予約などに用いられる。しかし，学生が提示した事例として興味深かったのは，スポーツクラブでの途中解約者の反対の長期継続して，会員としてとどまる顧客の予測である。このような会員制ビジネスには，会員としてとどまるもしくは離反する顧客を予測することを指摘している点は評価するに値すると考えられる。

スポーツクラブの途中解約者の予測

『私はアルバイト先の会員制スポーツクラブ関係へのデータマインニング

導入を企画したいと思います。目的はどうゆう人が長期継続しているのかを調べるためである。
1．性別
　①女性　②男性。
2．年齢
　①10代　②20代　③30代　④40代　⑤50代　⑥60代　⑦70代　⑧80代以上
3．職業
　①学生　②会社員　③主婦　④アルバイト　⑤その他
4．マシンジムの利用度
　①未経験　②他店からの移籍　③部活動にて昔使用　④再入会
5．入会した際に目的をアンケートに記入してもらう。
　①ダイエットを目的のひと　②筋力アップ　③ヨガなどのスタジオプログラム　④運動不足解消　⑤クラブなどため　⑥その他

　ここで注目したいのが4－①のマシンジム未経験の人に注目したい。入会時に初心者サポート（有料・予約制）を購入しているかを確認（私が入会担当した人数100人から）する。
　購入された人20人中15人以上が現在をあわせ一年半継続中である。
　購入された人の年齢はだいたい30代後半以上の方が多い。理由10代の方は値段に抵抗あり（特に高校生）。20代の方は時間が合わないなどである。購入されるのは女性の方が多い。男性は自分でやるという人が多く購入されない。
　そして，一年続かず退会された人の理由で多かったのが
　①変化が見えない　②つまらない　③難しい
　これらの理由はマシンの使い方が悪かったり，自分の目的に合わせた負荷のかけ方・回数などの設定が分からないことが原因と見られる。ここ二年をデータマイニングで最初にあげた1～5の入力データとし，その中の組み合わせを考え出力データを一年継続しているか，していないかとすれば，こ

の体制でいくと今年の予測データを割り出せると思います。そうすることで，初心者サポートを購入してない人にどうすれば購入してもらえるかの考察に使えると思います。例えば，学生はスポーツクラブに一人も知りあいのいないところが窮屈になり，退会理由の②になりやめてしまう傾向にある。それに初心者サポートはマンツーマンとなっているためなかなか受けにくいというデータもある（年齢別でのマンツーマンの抵抗もデータとしていれる）。そこから，グループでの受講を可能にする，友達紹介での入会で，紹介者が金券もらえるということにより知り合いが増えるなどといった対策を立てることである。値段に対しては学割制度を用いるなどもできる。20代の時間が合わないという意見は常に自由に動けるスタッフの配置など。最後にスポーツクラブは金銭に余裕のある人の場所であるのはたしかだが，経済不況にてやめるひとが多くなっているが，データマイニングを使うことで目に見える形で引き止める方法を見出さなければならないと思う。

　以上，この二年間での実体験から長期継続しているか，どうかの出力データの割り出し方，そしてそのデータの利用の仕方について企画させてもらいました。[2]』

　その他，公開が不可なため，具体的なレポートは挙げられないが，「パソコン教室の途中解約者の予測と長期継続の促進」，「学習塾の学生の離反の予測モデルの構築」についての企画が数点挙げられていた。

II　分　類

　分類モデリングには，第8章で説明したように，マーケット・セグメンテーションで特に用いられている。そこで学生の提示した企画として興味深いのは，中古ゲーム市場というあまりデータマイニングで想定していない市場での顧客のセグメント化がまず第1である。第2の事例は分類（クラス

タ化）の問題を扱っているが，すべてのデータマイニングの基礎にかかわるデータ入力に注目し，携帯電話のポイントカード化という企画案を提示している。後者の事例については，ICCOCA 等の伝票決済システム自身をポイントカード化し，データ入力を促進する方向が考えられることを提示する事例もある[3]。最後に，コンビニでのポイントカードでのデータを用いた顧客セグメント化の事例を挙げる。

1) 中古ゲーム市場のセグメント化

『この企画においては中古ゲーム屋における顧客の購買データによるセグメント化を行う。なぜ中古ゲーム屋を選んだかというと，POS データと会員証により顧客情報が管理されていること，そして商品のセグメント化が比較的単純であることが挙げられる。具体的には現在発売されているゲームハードとソフトの組み合わせを POS データとして採用（現在の人気ハードを六種類とし，それぞれのハードパーツとソフトで 12 種類，それ以外はレトロゲームのセグメントで合計十三種類。中古ゲーム屋としての特性上新品と中古が存在するが，それを採用すると倍ほどのセグメントになってしまい，過度の分散を招いてしまうので今回は棄却し，改めて新品と中古のみ 2 つのセグメントでセグメント化を行うとした）し，顧客のデータにおいては会員証で確認できる性別，年齢，そして未婚か既婚かを採用する。このとき，家族や友達同士など複数での来店時は商品の販売時にカードを提示した顧客のみ計上する。また会員証を忘れた場合は計上しない。これはデータを集計する POS に顧客情報を入力する方法が会員証のみだからである。目的としては，当然どのような年齢層にどのような商品が売れるかを割り出すことである。そうしてセグメント化に成功した場合のデータの活用法としては，家電量販店との差別化を図るべく金欠の世代（中高生）に人気の商品を値下げしたり，好きにお金を使うことのできる世代（独身男性や大学生）が求めている商品のコーナーを広げたりなどが挙げられる。

なお，棄却した新品と中古のセグメントでのセグメント化によって得られ

るデータは「綺麗なら高くてもよい」という世代を見つけ，逆にそうした世代に中古ゲームを買わせるにはどのような店づくりをすればよいかの指針になる。中古ゲーム屋は中古ゲームの利ざやで成り立っているので中古ゲームを売るのが至上課題である。[4]』

2) ポイントカードと携帯電話利用による顧客分類

　『近年，多くの企業がデータマイニングの手法に用いる利用可能であるポイントカードやマイレージカードを発行している。本稿で中心となるのはクラスター化と呼ばれる手法です。企業は顧客個人のデータを収集し，集めたデータを分類する。私はこのポイントカードを使ったクラスター化を元に，データマイニングを考えてみる。

　買い物に行くとよく，ポイントカードをお持ちでしょうか？または，ポイントカードをお作りしましょうか？と言われると思いませんか。そして，ポイントカードを持っているはずなのに，財布の中から見つけられない，もしくは，ポイントカードを作る過程がめんどうなので作っていないという人が多くいるはずです。ポイントカードを作るには，いろいろなデータを書き込まなければならず確かに面倒です。特に，最近の若者は書くということが苦手であり，ではここに記入してくださいなどと言われると，また今度にしますと答える人が多いと思います。そこで，私は携帯電話を利用したポイントカードを考えました。

　現在，若者はもちろん幅広い年代の人々は携帯電話を利用しています。私が考えたポイントカードの携帯電話化とは，①ネット上のサイトで個人登録をする②買い物の際に携帯電話をかざせばポイントがたまるようにする，という簡単なことです。財布のポイントカードは見つからなくても，携帯電話ならすぐに見つかります。また，従来のポイントカードのように，めんどうな記入は必要ありません。携帯電話を使ったネット上での記入であれば，いつどこでも簡単に行えます。

　私の考える携帯電話化したポイントカードで得られる個々のデータは，名

前，年齢，職業などの基本的なデータと合わせて，いつ，何を，いくつ買ったのかなどという細かい情報です。この二つの情報を組み合わせてクラスター化します。

　では，クラスター化を使って，何がわかりどのように利用すればいいのかを考えてみます。このポイントカードの携帯電話化の場合，クラスター化を行うことで顧客の分類をします。

　①商品マップ及び顧客マップの作成
　②顧客マップ上の顧客のグループ化
　③顧客グループの特徴の把握

　顧客を分類し，そのグループごとの特徴を把握することで，それぞれのグループに適したマーケティングを考えることができます。例えば，そのグループごとにDMを送ることができます。それもまた携帯電話を利用する話であり，携帯電話を利用するのは非常にいい戦略であるといえると思います。

　ポイントカードの携帯電話化は今の時代にあった経営戦略ではないでしょうか。[5]』

3）ポイントカードによる顧客の分類

　『私はコンビニエンスストアやスーパーに行くと，レジで必ず「ポイントカードはお持ちでないでしょうか？」と聞かれる。近年，どこのお店に行ってもポイントカードがあるのが一般的になっている。また，ポイントカードは，携帯でも管理することが可能にもなってきている。そして，以前，コンビニエンスストアでカードを作った際に多くのデータを入力する必要があった。つまり，ポイントカードはポイントをためるだけのものではなく，多くのデータを管理しているカードとなっていて，お店でスキャンすると，どのような人物が何を買ったかがわかる。このデータをいかし，コンビニエンスストアでの顧客のセグメント化を行う企画を考える。

　コンビニエンスストアを選んだ理由は，私がコンビニエンスストアでアル

第11章　データマイニングの企画を立てる（大学生の立てた企画）

バイトしているからである。

今回はクラスタリング手法を用いて，セグメント化する。クラスタリング手法とは，教師なし学習（探索的マイニング）とも呼ばれ，データと入力フィールドで分類するパターンを示すものどうしのグループに分類することである。セグメント化する顧客のデータは，私がポイントカードを作るときに必要だった「性別」，「年齢」，「住所」，そしてレジでのデータである「頻度」，「買った組み合わせ」，「時間」，「気象条件」を加えた7種類のデータを扱うものとする。

目的は売り上げを伸ばすことや廃棄の商品を減らすことである。「性別」，「年齢」ごとにどんな商品が売れるかを分類することにどの世代の人に，どのような商品が人気化を分類でき，今後どのような商品が売れるかの予測もできると考えた。また，「年齢」をさらに利用し，子供や高齢者が買うものは，目の行き届きやすい位置，取りやすい位置に置くなどの配慮をすることでも，売上げを伸ばせるだろうと考える。「頻度」と「時間」をまとめることにより，よく売れる時間帯を把握し，そのうえで頻度の高い，つまり常連の顧客の買うものを把握することにより，店にはおいておく必要のある商品が分析できると考えた。

またよく売れる時間帯には，店内で作って売っている商品（ファーストフードなど）は，売り切れることがないよう，あらかじめ多めに準備することができるようになるであろう。これは，ただ単に多く作るのではなく何個作ったら何個売れたなどというデータをからませることにより，廃棄が出ないようにすることも大切であろう。「気象条件」も大切であろう。天気の良い日には何が売れて，何が売れないか。そして雨の日には何が売れて何が売れないか。更には気温によっても左右されるであろう。データがなくても晴れの日には傘はあまり売れず雨の日にはよく売れるや，気温の高い日にはジュースやアイスが良く売れるが寒い日にはあまり売れないなどは予測できる。しかし，それ以上の予測はあまりできない。そこでこの分類が必要だと考えた。

そして，今回のデータ分類で私が重きを置いているのが「住所」と「買った組み合わせ」である。まずは「住所」だ。住所は店が近いから，訪れる頻度が高くなるや，住所が遠いから，訪れるのは初めてだということはよくあるだろう。しかし，住所は遠いのに訪れる頻度が高いや逆に住所は近いのにそこまで頻度としては高くないという人に，注目できるようにしたい。住所が遠いのによく訪れる人はどのような商品を求めているのか，また住所が近いのにあまり来ない人は，来た時にはどのような商品を買っていくのか，この二点を分析して表にまとめる。それにより，どのような商品を入れ続けるべきなのか，今後取り入れていくべきなのかというのが分析することができるのではないかと考えた。そして，もう１つの「買った組み合わせ」だ。買った組み合わせは，例えば，お弁当と飲み物や，お酒と焼き鳥など，そのような王道な組み合わせから，従業員では予測しきれないであろう組み合わせで分類すると見つけられるかもしれない。そうすることにより，一方の売り上げが伸びてくると，もう一方も増やすなどという対応を早期に行うことができるのではないかと考えた。

　今回，私の考えたデータの分類をすることにより，顧客を満足させるに必要なことが多く見つかるであろう。ここのコンビニエンスストアには，欲しい物，必要なものが必ずおいていると顧客が言うようなコンビニエンスストアにしていくことが私の考えるデータマイニングである[6]。』

連関（アソシエーション）

　連関（アソシエーション）は，第９章で説明したようにおすすめ商品を提案する基礎となるマーケット・バスケット分析が中心である。数多くの学生がアソシエーションを用いたマーケット・バスケット分析の企画を，さまざまな業態で提案してきた。例えば，焼鳥屋さんでのセットメニューに対する企画などである。そこで，最も興味深い企画として採用したのが，携帯電

話のオプション加入と医薬品業界についてである。なお，これについては，Berry & Linoff（1997）での電話のオプション加入をマーケット・バスケット分析で行う事例を提示しているが，通信業界にとって重要なのは，第7章で提示したような途中解約の問題であるという講義をした中でのレポートである。

1）携帯電話のオプション加入について，アソシエーションを用いて考える

『本稿では，「携帯電話のオプション加入について，アソシエーションを用いて考えること」を提案する。

なぜ携帯電話か？－それは，私が春から携帯電話及びオプションを販売する立場に立つからであり，今後おそらく自分にとって今までよりさらに身近なものになるからである。ではなぜアソシエーションを用いるのか？－解約者予測などの場合は決定木を用いるが，今回はキャリア選択や解約についてではなく，いかにオプションを付加させるかという点について考えたいからである。

アソシエーションとは，マーケット・バスケット分析やレコメンドサービスに用いられる，データマイニングの中で最も広く知られているアルゴリズムである。よく一緒に起こること（共起）をデータから発見し，ある特定の結果セグメントを1組の条件と関連付けを行い，1組のセットとして結果を表示する。そしてそれを利用し，併売活動や店舗設計，またお勧め商品（レコメンドサービス）を考えることができる。そこで私は，オプションを商品として捉え，「様々なオプション付加」という行動について，アソシエーションを用いることにより併売活動やレコメンドサービスを考えられるのではないかと考えた。まだ勤務していないため，実際の加入状況などは定かではないので，ここでは仮定として考察していく。

では，具体的に考えてみる。オプションには，通話やメールに関するものやインターネットに関するもの，音楽やクレジットや海外利用に関するも

の，紛失・故障への保証に関するものなど様々なものがある。

　まず，購買データからモデルを作成し，顧客がどのようなオプションに加入しているかを示す。そして例えば，メールとインターネットに関するオプションに加入しているということを前提条件として，その条件に当てはまる人が他にどのオプションに加入しているかという確信度を知る。その結果，音楽に関するオプション加入の確信度が高いとする。するとそれによって，オプション一覧表をどのように並べて作成するかに関して，「メールやインターネットの欄の近くに音楽を目立つようにさせよう」，「"楽しむ"というツールとしてメール・インターネット・音楽を一括りにして，楽しみを求めている若年層の気を引くデザインにしよう」，などと考えることができるし，あるいは「どの組み合わせで入るとお得」ということを設定するか，などを考えることができるだろう。また，「Aという人気オプション」と「加入者の少ないB」とを関連付け，「Aに加入している人にはBもお勧めして加入してもらおう」というように，レコメンドシステムを用いてBの加入者も増やすことができるのではないだろうか。

　実際，携帯電話を購入する際にはよくオプション加入を勧められるが，「オプションに加入すれば機種代の頭金が安くなる」というように，代金との関連で勧められることが多い。確かにそれが最も効果のある方法なのだろうが，今回はあえてオプションの複数加入について考察した。「勧められる側」から「勧める側」に変わる身として，今後役に立つ日が来るのではないかと思う。[7]』

2）医薬品のインターネット販売においてのアソシエーションの活用

　『今回，私は医薬品のインターネット販売に関してアソシエーションを活用しながら，より安全で顧客ニーズに答えた企画をしたいと思う。

　では，何故「医薬品」なのか。それは，今年の平成26年度において「一般用医薬品のインターネット販売」が解禁されたからである。これは，今までにインターネットによって販売することを禁止されていた一般用の劇薬

を除いた第一類・二類医薬品の販売を許可したものである。この解禁によって，私は今まで以上に医薬品をインターネットで購入する人が増えると予測し，また販売範囲も広がると考えた。そこでアソシエーションを用いてより多くの情報を顧客に与え，必要となっているときにレコメンドサービスや併売活動を行い，安全かつ顧客ニーズに応えた販売を行ってはどうかと考えたからである。

まず，今回使用するアソシエーションについて説明を行いたい。アソシエーションとは，データマイニングを行う中でのアルゴリズムの一種である。内容は，よく一緒に起こること（共起）をデータから発見しようとすることにあり，その中でパターンを発見し，その発見されたルールと結果を一組の条件と関連付けることにある。また使用される例としてはマーケット・バスケット分析，併売活動，レコメンドサービス（お勧め商品の選定），店舗設計などがある。

上記のアソシエーションより，私はマーケット・バスケット分析やレコメンドサービス，併売活動を症状の対する類似する薬紹介や，必要としている薬と併用するとの良いものなどの医薬品のインターネット販売に用いることができると考えたのである。では，より内容を具体化していきたい。医薬品というと取り扱う薬局においても膨大な種類があり一般個人が買うとなるとどれを選んでよいかわからなくなることも多いだろう。それがインターネット販売の解禁に伴いインターネット上で探すとなるとより困難になることが予測される。この際に顧客がどのような薬を決定するかはディシジョンツリー（決定木）の生成により分かりやすくはなるだろうが，今回はその決定後にどのような顧客が何を買ったかという購買データよりモデルを生成し，前提条件を考えパターン化し確信度を提示したい。

前提条件を例にすると，視力の低下した人がコンタクトレンズをインターネット経由で購入を行ったとしよう。膨大な種類があるコンタクトの中でその人がどれを選ぶかは決定木の話だが，その中でコンタクト共に何が売れているのかということは，マーケット・バスケット分析を使用しセットとして

売れている物の確信度を調べていくことでわかる。つまりは「コンタクレンズと保存液を買う客」「コンタクトレンズと目薬を買う客」「コンタクトレンズと代替用のメガネを買う客」など様々な購買データからどのパターンが良く売れているのかをデータ化し調べていくと，その過程で徐々にコンタクトレンズと売れる商品の確信度が分かってくる。そして，その確信度が大体75％を示している商品のセットパターンをセレクトし顧客に提供すると様々な形で効果があると思われる。提供する例を挙げると，コンタクトレンズを購入しようとした際に確信率が75％程度の商品の購入を勧めて購入を促すこと（併売活動）や，コンタクトレンズを定価のまま売りたい場合にセットとしてよく売れている商品を値下げし特価と表示することで，コンタクレンズの売れ行きをよくすること（マーケット・バスケット分析）などが考えられる。

　私は上記のようにアソシエーションを利用した販売を行ない，売り上げをよりよくする方法はその他の医薬品にも十分に利用できると考えている。特に医薬品では専門的知識が要求される分野であろうから顧客が求めている情報も多く，新しい情報を顧客に与えることにより購入を強く勧めることができると感じるからである。例えば，頭痛の症状が出た場合，頭痛の際にいつも使っていた頭痛止めを購入したいと思い購入画面に入ると，同じ頭痛止めでもより良くなった製品を紹介されたりいつも通りの頭痛止めとセットでよく売れている製品を紹介されることで，より良い効能を持つ医薬品に気付いたり，より回復しやすい方法に気付いたりと，このように購入する側にとって大きなメリットがあり安全性を高めて，より顧客ニーズに対応し売り上げも伸ばせるからである。

　医薬品のインターネット販売にアソシエーションを使用する方法を色々と書いてきたが，最後に医薬品を売ることとして季節は大変重要になると考える。医薬品に関しての顧客ニーズは時期や流行する病気により大きく変わると考えたからだ。なので，アソシエーションを使用し考えていく際には，より多くのデータと状況に応じたデータ結果の割り当てを迅速に行わなければ

ならないと思われる。これにより迅速かつ正確データを季節や状況に合わせて使用することができたならば，医薬品に関しては安全性と顧客ニーズに対応し販売数をより大きく伸ばすものになると考えた。

　私は以上のことをふまえより正確なマーケット・バスケット分析やレコメンドシステムを的確に利用することで従来の医薬品の販売よりも格段に医薬品に手が届きやすくなり，また安全性も増すだろうと考えるのである。[8]』

　喜田（2010）と同様に，アソシエーションの活用に関しては，飲食店でのセットメニューの提案などの学生のバイト経験に基づくものが数多くあった。その他，「音楽ダウンロードサイトの曲の提案の仕方について，アソシエーションを用いて考える」，「論文検索エンジン（CiNii）においてのアソシエーション」，「コンビニでの新聞と缶コーヒーのセット販売の提案」など興味深い企画案も提案されている。

　そして，最後に，データマイニングの機能を2つ用いて，顧客のセグメント化を行った後レコメンドシステムを構築するという企画を，オンライン英会話の教室を事例に提案しているレポートもあったことのみ注記しておくことにしよう。

おわりに

　以上が，本書の基になった講義から学生が立てた企画案である。そこでは，データ入力方法の革新につながるような提案もあり，大変興味深いものであった。このように講義をする，もしくは本書を読んで学生に企画を求めることは今後も続けていきたいと考えている。なぜなら，新たなデータマイニングの活用法が，業種，業界を超えて発見できるからである。

　最後に，データマイニングの企画を立てる上で重要かつ不可欠な点を1つ挙げることにしよう。

　それは「経営課題を認識し，それをデータマイニングの機能で解決できるようにすること」。つまり，フレーム化が必要かつ重要となることである。

そして，すべてが経営課題の認識がスタートしており，経営課題の認識が最も重要であるということである。この点が，本書，第1章で，経営戦略論の中でデータマイニング及びデータ・サイエンスを位置づけることを示唆しているのである。その上で，ビジネスの中でデータマイニングを活用するには，経営戦略論及び経営学の知識，業務知識が必要不可欠であることを示していることを注記しておくことにしよう。

▌注

1　なお，2018年度を含めて，過去数年のレポートである。
2　甲南大学経営学部吉田遼君
3　詳しくは山鳥・古本（2001）を参照されたい。
4　甲南大学経営学部高野匠史君
5　甲南大学経済学部山本紗希さん
6　甲南大学知能情報学部宮地歩さん
7　甲南大学文学部岩尾祐里さん
8　甲南大学法学部服部勝雄君

おわりに：
データマイニングの汎用性とビジネス・データ・サイエンスに向けて

　本書では，データマイニングのビジネスでの活用法を説明してきた。そこで終わりにでは，本書で挙げたビジネスでの活用法の学術利用への汎用性と最終目的であるビジネス・データ・サイエンスの確立を検討することにしよう。

1）データマイニングの汎用性：実務界から学術利用へ

　本書では，実務界（ビジネス）での活用法を中心として説明した。特にビジネスにおいてもマーケティング領域での利用法である。しかし，データマイニングはこのような領域に限定されるだけではない。現在において，最もデータマイニングが活用されている領域として製造現場がある。製造現場において，歩留まり率の計算や不良品の要因分析に用いられている。いわゆるオペレーションリサーチでの利用である。また，テキストマイニングを中心としているが医療機関においては患者の症状分析に用いる事例なども存在する（藤井・小杉・李，2005）。なお，このような動向は現在も変わっておらず，より広範囲な課題に用いられ，本書でいうビジネス・システム全体を意識する傾向がみられてきている[1]。

　以上のような実務界での利用法は数多く存在する。しかし，学術的な利用については会計・ファイナンスの領域での金融市場予測または株価予測などを中心としたものか，オペレーションリサーチ領域での研究に限られているように考えられる。もちろん，理系領域，特に情報処理に関連する領域ではモデルの有効性を高めるためにアルゴリズムについての研究は数多く存在する。

　経営学領域に限定すると，データマイニングとテキストマイニングを両方用いる「混合マイニング」であるが，喜田（2008；2018）などが挙げられ

る。しかし，喜田（2018）においても，本書で提示したようなアルゴリズムを用いて話題をクラスタリングする，著者を判別するモデルを構築する等については残念ながら，学会での同意は得られていないように考えられる。もっと言うと，アルゴリズムを用いたモデル構築については，経営学のみならずそのほかの領域でも合意を得られているとは言い切れないのである。この点が最も本書の課題でもある。このようなアルゴリズムを用いたモデル構築についての周知が今後の最大の課題となる。また，アルゴリズム自体にも問題があるとされている。それ故，理系領域（特に人工知能，情報処理に関連する領域）においてはアルゴリズムの有効性を示すための研究が日夜行われているとも考えられるのである。このような各アルゴリズムの有効性を高めることとともに考慮する必要があるのは，実務界でも，学術利用でも理解しておくべき点が1つある。それは，各アルゴリズムでのある種の癖があることなどについてである。この点については第5章で説明したが，ある特定の変数の種類については予測精度や再現性などが変化するということである。つまり，得意な変数の種類とそうでないものがあるということである。

　このようなデータマイニングのアルゴリズムについて同意が得られたとすると，本書では実務界での利用法を中心としてきたが，経営学は実学であり，田村（2006）で示唆されるように，データマイニングで用いることができる経営学領域において経営課題は研究課題と直結すると考えられる（図表5－4及び図表終－3）。

　その上で，本書は経営戦略論やマーケティング領域というような学術的な議論とデータマイニングとの関係を明確にすることを目的としているために，経営戦略論及びマーケティング領域での経営課題と研究課題は直結しやすくなっていると考えられる。例えば，本書第8章で説明したセグメンテーションの方法はもちろん実務界でも用いることができるが，新たなセグメンテーション手法やセグメンテーションの基準（購買行動による）として学術的に議論する基礎を提示していると考えられるのである。このような領域以外については，組織行動や人事に関する領域については，ほとんどといって

よいほど実務界及び学術的な利用がない。そこで，今後の活用法としては，組織内部に向けたデータマイニングの利用が進むと考えられる。例えば，従業員の成果変数との関係で導き出せると考えられるベスト・パフォーマーの研究などに用いることができようし，人事評価の基礎となるようなことも考えられる。第7章で挙げたが，新卒採用での問題点を解決することもできよう。そして，何よりもこのような人事上のデータマイニングを採用・人材育成に用いるということも可能であると考えられる。そこには，喜田（2008）で述べたが，テキストマイニングとデータマイニングは「業務の可視化」に用いることができると考えられるからである。このように，外向きのデータマイニングはもちろん内向きのデータマイニングが促進されることによって，データマイニングの活用領域は広がり，実務的利用法も学術的利用法も発展するように，今後も著者は活動することになろう。

　最後に，1つ重要な点を指摘しておくことにしよう。それはデータマイニングがお客の行動の理解に注目していることである。これは，幅広く行動科学の領域で用いることの可能性を示していることを指摘しておくことにしよう。

2）ビジネス・データ・サイエンスに向けて

　本書では，データマイニングのビジネスでの利用法について説明してきた。しかし，現在では，データマイニングという手法を中心にする議論ではなく，第2章で示したようにある種の体系としてのデータ・サイエンスが議論されるようになってきた。

　そこで，この点について詳しく説明することにしよう。データマイニングなどのデータ利活用の議論は，利用可能なデータがあるかもしれないというときに流行する。いわゆるデータ利活用とは少し異なるが，第1章及び第2章で取り上げた戦略策定の議論は各国・各種統計資料が整備され始めたときに流行した。第1章及び第4章で取り上げたデータベースマーケティングなどはCRMを中心とした顧客データの利用可能性が明らかになり始めたと

おわりに

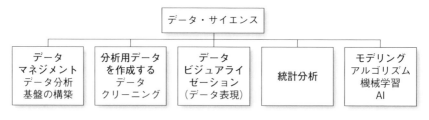

図表終-1　データ・サイエンスの領域

(図表2-1再掲)

きに流行した。最近のデータドリブンマーケティング及びデータドリブン経営はオープンソース化とともにビッグデータの存在や利用可能性が高まったときに流行している。つまり，利用可能なデータがあるかもしれないときに流行するのである。また，昨今の AI（人工知能）の議論も同様である。

そして，そのデータが使えないことが分かると急激に減速する[2]。なお，使えないこととしたが，「そのままでは使えない」もしくは「使えるように加工することが必要」という意味である。

この点を議論しているのが，第3章で示したデータマイニングの前提条件であり，「データマネジメント」，「分析用データを作成すること」，つまり，「利用可能に加工すること」である。それに特化しているのが，本書で議論してきたデータ・サイエンスの一領域である「データクリーニング」等である。つまり，データマイニングという手法の議論にとどまらず，データ利活用全体を議論する領域が必要かつ重要である，ということである。

データ・サイエンスは，データの利活用を行うための諸領域であり，図表終-1が示すような領域を持っている[3]。

データ・サイエンスは次の5つの領域を持っている。第1は，分析用データを作成する領域であり，ここにはデータクリーニングの議論が含まれる。第2は，データビジュアライゼーションの領域であり，データ全体を把握する。グラフ化セオリーなどが含まれる。第3は，統計的分析の領域であり，既存の統計学の議論が中心となっている。そして，最後が，モデリングの領

おわりに

データ・サイエンスの領域	データマイニング（本書の内容）
データマネジメント	第3章
1）「分析用データを作る」	第2, 3章, テキストマイニングに関しては, 第10章
2）「VISUALIZATION（可視化, もしくはデータ表現）」	第3章, 第6章から第9章の一部
3）ANALYSIS（分析）	第6章から第9章の一部
4）PREDICITIVE ANALYSIS（MODELING）	第5章, 第6章から第9章

図表終-2　データ・サイエンスの中でのデータマイニング（本書の内容）
(図表2-2再掲)

域であり，機械学習や，モデリングに用いる各種アルゴリズムの議論，そして，最近では，人工知能の議論がここに含まれる。それらがそれぞれで議論が進められている。

　最初のデータマネジメントの領域は，データ・サイエンスと直結することに限定すると，データ分析基盤の構築，データ分析ニーズの把握，分析ニーズに合わせたデータ構築などが議論されている。より詳しくは，喜田・日本情報システム・ユーザー協会（2018）を参照されたい。この領域は，データマイニングなどデータ活用の前提条件としてとらえられ，本書第3章でより詳しく見てみることにしよう。

　そこで，データ・サイエンスとデータマイニングの関係を示したのが，図表終-2である。

　このように，本書では，データマイニングをデータ・サイエンスの中で位置づけ，しかも，ビジネスでの活用法と関係するように各関係領域での議論を説明してきた。つまり，ビジネス・データ・サイエンスというビジネスという領域を持つデータ・サイエンスの構築を目指してきた。

　しかし，このように多種多様な領域で構成されており，著者の能力の限界もあり，1冊の書物では手に負えない。そこで，本書では，課題として2つの領域に含まれる4点を挙げることにしよう。1つは，データマネジメント及び「分析用データ作成」の領域であり，もう1つはアルゴリズムに関連

おわりに

経営課題	領　　域	アルゴリズム
解約者及び離反者の予測	リスク管理，CRM	・ニューラルネットワーク ・決定木
不良債権者の予測	リスク管理	・ニューラルネットワーク ・決定木
DM及びキャンペーンに反応する人の予測	CRM，マーケティング	・ニューラルネットワーク ・決定木
各種経営成果の予測	財務会計等	・ニューラルネットワーク ・決定木
戦略重点の予測；戦略仮説の構築	経営戦略	・ニューラルネットワーク ・決定木
優秀なセールスマンを予測 人事評価	組織行動，人事	・ニューラルネットワーク ・決定木
従業員のクラスター化 企業文化の理解	組織行動，人事	・Kohonen ネットワーク
顧客のクラスター化（セグメンテーション）	CRM，マーケティング	・Kohonen ネットワーク
センサーデータなどビッグ・データの要約（Data Fusion）	データ・サイエンス領域	・Kohonen ネットワーク ・K－Means クラスター ・TwoStep クラスター
マーケット・バスケット分析	CRM，マーケティング	・Apriori
併売活動，レコメントサービス	マーケティング	・Apriori
店舗設計	販売管理	・Apriori

図表終－3　代表的なアルゴリズムと経営課題及び経営領域

（図表5－4追記）

する領域であり，経営課題とアルゴリズムの関係の把握（フレーム化）とアルゴリズムのカスタマイズの問題である。

　第1のデータマネジメントの領域では，基幹系システム内のデータの質の管理を中心に，分析基盤の構築などの前処理工程の議論を進める必要がある。そこでは，データクレンジングや Data Fusion（データ融合）についてもより議論を進める必要があると考えられる。

第2の分析用データを作成する領域では，多様なデータを構造化データに変換するための前処理を中心に行われる。特にテキストであれば単位設定やコンテクストの固定化などの言語資料としての特性を明らかにする必要性がある（喜田，2018）。その上で，データクリーニングが行われるがデータクリーニングの基準の問題など課題は多くある（Nettleton，2014）。

　第3は，経営課題を把握し，それをデータマイニングの機能（アルゴリズムの選択）で解決できるようにフレーム化を行うことである。本書では，図表終−3で示すことにしよう。

　最後は，最近の人工知能の議論などで注目を集めているアルゴリズムについてである。本書で挙げたアルゴリズムについては各種の議論が進められている。その上で，IBM SPSS Modeler に限定されず，より推定精度の高いアルゴリズムの設定及びカスタマイズの議論が必要である。

　このような課題を解決することで，ビジネス・データ・サイエンスという領域が構築されることを願い，本書を終えることにしよう。

注

1　なお，詳しくは，実務界での現状については喜田（2018）及び喜田・日本情報システム・ユーザー協会（2018）の第4章を参照されたい。
2　なお，ここでの動向は日本企業についてであり，この点については，ガートナー社のハイプサイクル，https://it.impressbm.co.jp/articles/-/16586 などを参照されたい。2018年11月22日アクセス。
3　なお，データ・サイエンスについては，本書第1章，Provost & Fawcett（2013），Davenport & Kim（2013），Nettleton（2014），Zaki & Wagner（2014），Cady（2017），Buttrey & Whitaker（2017）などを参照されたい。

付　録

第6章ストリーム

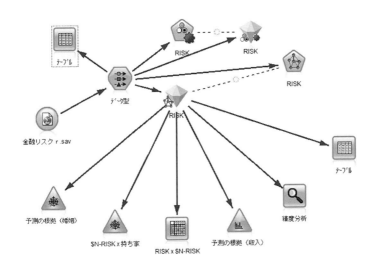

第7章ストリーム

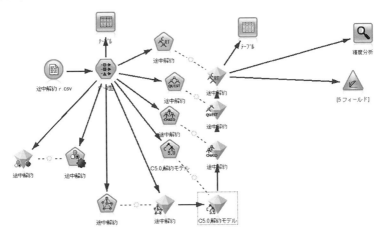

付　録

第8章ストリーム

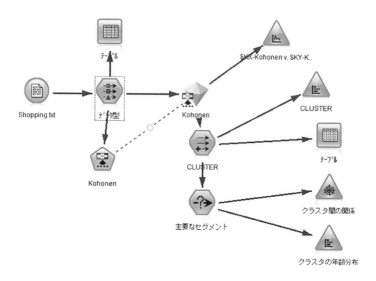

付　録

第9章ストリーム1（マーケットバスケット分析）

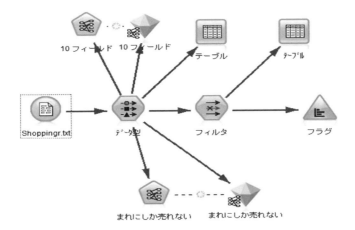

第9章ストリーム2（レコメンドシステムの構築）

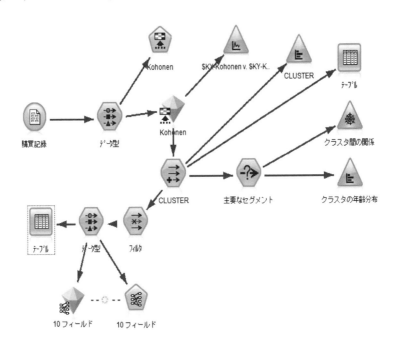

参考文献

Aaker, D. & G., Day（1980）*Marketing research : private and public sector decisions Wiley series in marketing.* New York : Wiley（野中郁次郎・石井淳蔵訳（1981）『マーケティング・リサーチ：企業と公組織の意思決定』白桃書房）．

Aaker, D.（1984）*Strategic market management,* New York : Wiley（野中郁次郎・北洞忠宏・嶋口充輝・石井淳蔵訳（1986）『戦略市場経営：戦略をどう開発し評価し実行するか』ダイヤモンド社）．

Aaker, D.（2001）*Developing business strategies 6th ed,* New York : Wiley（今枝昌宏訳（2002）『Best solution 戦略立案ハンドブック』東洋経済新報社）．

アクセンチュア村山徹・三谷宏治＋戦略グループ・CRM グループ（2001）『CRM 増補改訂版：顧客はそこにいる』東洋経済新報社。

Anderson, C.（2006）*The long tail : why the future of business is selling less of more,* New York : Hyperion（篠森ゆりこ訳（2006）『ロングテール：売れない商品」を宝の山に変える新戦略』早川書房）．

Anderson, C.（2009）*Free : the future of a radical price ,* New York : Hyperion（小林弘人監修・高橋則明訳（2009）『フリー：「無料」からお金を生みだす新戦略』日本放送出版協会）．

安藤史江・喜田昌樹（2018）「現在の制度設計は，育児期の女性従業員の活躍を促しうるか？」『南山大学経営研究センター報』第 18 号，pp.1-28。

Ansoff, H. I.（1968）*Corporate strategy : an analytic approach to business policy for growth and expansion,* Harmonds worth, Middlesex : Penguin Books（広田寿亮訳（1969）『企業戦略論』産業能率短期大学出版部）．

安西祐一郎・石崎俊・大津由紀雄・波多野誼余夫・溝口文雄編（1992）『認知科学ハンドブック』共立出版。

浅羽茂・牛島辰男（2010）『経営戦略をつかむ』有斐閣。

Barney, J., B.（2002）*Gaining and sustaining competitive advantage,* Upper Saddle River, N.J. : Prentice Hall（岡田正大訳（2003）『企業戦略論：競争優位の構築と持続：上：基本編．中：事業戦略編．下：全社戦略編』ダイヤモンド社）．

Bauman, Z.（2000）*Liquid modernity ,* Cambridge:Polity Press（森田典正訳（2001）

参考文献

『リキッド・モダニティ：液状化する社会』大月書店).

Berry, M. J. A., & G. S. Linoff（1997）*Data Mining Techniques : For Marketing, Sales, and Customer Support,* Indianapolis : Wiley（Sd）（SAS インスティチュートジャパン・江原淳・佐藤栄作訳（1999）『データマイニング手法：営業，マーケティング，カスタマーサポートのための顧客分析』海文堂出版).

Berry, M. J. A., & G. S. Linoff（2000）*Mastering Data Mining : The Art and Science of Customer Relationship Management,* New York : Wiley（江原淳・金子武久・斉藤史朗・佐藤栄作・清水聰・寺田英治・守口剛訳（2002）『マスタリング・データマイニング：CRM のアートとサイエンス（理論編）（事例編）』海文堂出版).

Berson, A. & L. Dubov（2010）*Master Data Management AND Data Governance, 2/E.,* New York : McGraw-Hill Education.

BI ソリューション総覧編集委員会（2009）『最新の企業戦略と情報活用の実践方法：BI ソリューション総覧―ビジネスインテリジェンス（BI）ソリューション』産業技術サービスセンター．

Bigus, J., P.（1996）*Data mining with neural networks : solving business problems-from application development to decision support,* New York : McGraw-Hill（社会調査研究所・日本アイ・ビー・エム株式会社・ビジネス・インテリジェンス事業推進部共訳（1997）『ニューラル・ネットワークによるデータマイニング』日経 BP 社).

Bourdieu, P.（1979）*La Distinction,* Paris : Minuit（石井洋二郎訳（1990）『ディスタンクシオン Ⅰ・Ⅱ』藤原書店).

Bradford, M.（2008）*Modern ERP : Select, Implement, and Use Today's Advanced Business Systems,* Lulu. com.

Brown, J. & P. Duguid（2000）*The social life of information,* Boston, Mass. : Harvard Business School Press（宮本喜一訳（2002）『なぜ IT は社会を変えないのか』日本経済新聞社).

Buttrey, S.E. & L. R. Whitaker（2017）*A Data Scientist's Guide to Acquiring, Cleaning, and Managing Data in R,* New York : Wiley.

Cabena, P., Hadjnian, P., Stadler, R., Verhees, J. & A.Zanasi（1989）*Discovering datamining : from concept to implementation, first edition,* Upper Saddle River, NJ : Prentice Hall（河村佳洋・福田剛志監訳 ; 日本アイ・ビー・エム株式会社ナショナル・ランゲージ・サポート訳（2000）『データマイニング活用ガイド：概念か

ら実践まで』エスアイビー・アクセス社).

Cady, F.（2017）*The Data Science Handbook.*, Hoboken, N. J.：John Wiley & Sons.

Cody, R.P. & SAS Institute（2008）*Cody's data cleaning techniques using SAS 2nd ed.*, Cary, NC：SAS Institute Inc.

Coyle, J., Bardi, E., & C. Langley（1996）．*The management of business logistics*（Vol. 6）．St Paul, MN：West publishing company.

DAMA International（2006）*The DAMA Guide to the Data Management Body of Knowledge*（データ総研監訳（2011）『データマネジメント知識体系ガイド』日経 BP 社).

Davenport, T. & L.Prusak（2000）*Working knowledge:how organizations manage what they know,* Boston, MA.：Harvard Business School Press（梅本勝博訳（2000）『ワーキング・ナレッジ：「知」を活かす経営』生産性出版).

Davenport, T.（2005）*Thinking for a living : how to get better performance and results from knowledge workers*, Boston, MA.：Harvard Business School Press（藤堂圭太訳（2006）『ナレッジワーカー』ランダムハウス講談社).

Davenport, T. & J.Harris（2007）*Competing on analytics : the new science of winning*, Boston, MA.：Harvard Business School Press（村井章子訳（2008）『分析力を武器とする企業：強さを支える新しい戦略の科学』日経 BP 社).

Davenport, T., Harris, J. & R., Morison（2010）*Analytics at work : smarter decisions, better results*, Boston, MA.：Harvard Business Press（村井章子訳（2011）『分析力を駆使する企業：発展の五段階：分析で答を出す六つの問題』日経 BP 社).

Davenport, T. & J. Kim（2013）*Keeping up with the quants : your guide to understanding and using analytics*, Boston, MA.：Harvard Business Press（古川奈々子訳（2014）『真実を見抜く分析力：ビジネスエリートは知っているデータ活用の基礎知識』日経 BP 社).

Davenport, T.（2014）*Big Data at Work : Dispelling the Myths, Uncovering the Opportunities*, Boston, MA.：Harvard Business Press.

江尻弘（1998）『小売業データベース・マーケティング』中央経済社。

江尻弘（2000）『日本のデータベース・マーケティング』中央経済社。

Erl, T., Khattak, W. & P.Buhler（2015）*Big Data Fundamentals : Concepts, Drivers & Techniques*（*The Prentice Hall Service Technology Series from Thomas Erl*), Prentice Hall：Amazon Services International, Inc..

Feldman, R. & J. Sanger（2007）*The text mining handbook : advanced approaches* in analyzing unstructured data, Cambridge university press（辻井純一監訳，IBM東京基礎研究所（2010）『テキストマイニングハンドブック』東京電機大学出版局）．

藤井美和・小杉孝司・李政元（2005）『福祉・心理・看護のテキストマイニング入門』中央法規出版．

Giudici, P.（2003）*Applied data mining : statistical methods for business and industry,* Chichester : Wiley.

Goodman, J.（2014）*Customer experience 3.0 : high-profit strategies in the age of techno service, ,* New York:Amacom Books（畑中伸介訳（2016）『顧客体験の教科書：収益を生み出すロイヤルカスタマーの作り方』東洋経済新報社）．

御領謙・菊池正・江草浩幸（1993）『新心理学ライブラリ 7　最新認知心理学への招待：心の働きとしくみを探る』サイエンス社．

原敦子・三枝信・石橋雄一（2015）「病理診断におけるテキストマイニングの応用」『計算機統計学』第 28 巻第 1 号，pp.57-68．

原田保（1999）『戦略的パーソナル・マーケティング：データベースによるリテンション経営』白桃書房．

服部兼敏（2010）『テキストマイニングで広がる看護の世界：Text Mining Studio を使いこなす』ナカニシヤ出版．

樋口耕一（2014）『社会調査のための計量テキスト分析〜内容分析の継承と発展を目指して』ナカニシヤ出版．

平本健太（2007）『情報システムと競争優位』白桃書房．

Hitt, M. A., Ireland, R. D., & R. E. Hoskisson（2012）*Strategic management cases : competitiveness and globalization.* Cengage Learning（久原正治・横山寛美監訳（2014）『戦略経営論：競争力とグローバリゼーション』センゲージラーニング，同友館（発売）．

Hofer, C.W. & D. Schendel（1978）*Strategy formulation : Analytical concepts,* St. Paul ; West Pub. Co.（奥村昭博・榊原清則・野中郁次郎訳（1981）『戦略策定』千倉書房）．

池尾恭一・井上哲浩（2008）『戦略的データマイニング：アスクルの事例で学ぶ』日経 BP 社．

石井哲（2002）『テキストマイニング活用法』リックテレコム．

石井淳蔵・奥村昭博・加護野忠男・野中郁次郎（1985）『経営戦略論』有斐閣．

石井淳蔵（1999）『ブランド：価値の創造』岩波書店．

参考文献

石井淳蔵・栗木契・嶋口充輝・余田拓郎（2004）『ゼミナールマーケティング入門』日本経済新聞社。

石井淳蔵（2004）『岩波アクティブ新書114　営業が変わる：顧客関係のマネジメント』岩波書店。

石倉弘樹・後藤晃範・喜田昌樹・奥田真也（2016）「情報統合の規定要因と効果：アンケート調査をもとに」『大阪学院大学商・経営学論集』第41巻第2号, pp.1-16。

石田基広（2017）『Rによるテキストマイニング入門 第2版』森北出版。

一般社団法人日本情報システム・ユーザー協会（JUAS）（2014）『企業IT動向調査報告書2014』日経BP社。

一般社団法人日本データマネジメント・コンソーシアム『データマネジメントの基礎と価値』研究会（2015）『データマネジメント概説書（JDMC版）：ビジネスとITをつなぐ：データマネジメントとは』Amazon Services International, Inc.。

一般社団法人日本データマネジメント・コンソーシアム『データマネジメントの基礎と価値』研究会（2016a）『データマネジメント・ケーススタディ ボトムアップ編：始まりは品目検索へのクレームだった』Amazon Services International, Inc.。

一般社団法人日本データマネジメント・コンソーシアム『データマネジメントの基礎と価値』研究会（2016b）『データマネジメント・ケーススタディ トップダウン編：顧客満足度向上のための業務横断データ活用』Amazon Services International, Inc.。

Jeffery, M.（2010）*Data-driven marketing : the 15 metrics everyone in marketing should know*, Hoboken, N. J. : Wiley（佐藤純・矢倉純之介・内田彩香共訳（2017）『データ・ドリブン・マーケティング：最低限知っておくべき15の指標』ダイヤモンド社）.

城繁幸（2006）『若者はなぜ3年で辞めるのか？年功序列が奪う日本の未来』光文社新書。

伊丹敬之・加護野忠男（1989）『ゼミナール経営学入門』日本経済新聞社。

井上達彦（1998）『情報技術と事業システムの進化』白桃書房。

加護野忠男（1998）『組織認識論』千倉書房。

加護野忠男（2011）『新装版 組織認識論：企業における創造と革新の研究（bibliotheque chikura）』千倉書房。

参考文献

加護野忠男・井上達彦（2004）『事業システム戦略：事業の仕組みと競争優位』有斐閣。

加護野忠男・吉村典久編（2006）『1 からの経営学』碩学舎。

加護野忠男・山田幸三編（2016）『日本のビジネスシステム：その原理と革新』有斐閣。

Kalbach, J.（2016）*Mapping experiences : a complete guide to creating value through journeys, blueprints, and diagrams*, Sebastopol, Calif. O'Reilly（武舎広幸・武舎るみ訳（2018）『マッピングエクスペリエンス：カスタマージャーニー，サービスブループリント，その他ダイアグラムから価値を創る』オライリー・ジャパン，オーム社）.

加藤直樹・羽室行信・矢田勝俊（2008）『（シリーズ・オペレーションズ・リサーチ 2：データマイニングとその応用』朝倉書店。

岸本義之（2004）「顧客フォーカスのダイレクトモデル：デル・コンピューターなどにみる仕組み革新」嶋口充輝（2004）『仕組み革新の時代：新しいマーケティング・パラダイムを求めて』有斐閣，pp.241-268。

菊池淳（2006）「テキストマイニングツール Text Mining Studio の紹介」『計算機統計学』第 18 巻第 1 号，pp.45-49。

金明哲（2007）『R によるデータサイエンス：データ解析の基礎から最新手法まで』森北出版。

金明哲（2009）『テキストデータの統計科学入門』岩波書店。

Kohonen, T.（2001）*Self-organizing maps 3rd ed.*（*Springer series in information sciences ; 30*）, New York : Springer（徳高平蔵・大藪又茂・堀尾恵一・藤村喜久郎・大北正昭訳（2005）『自己組織化マップ　改訂版』シュプリンガー・フェアラーク東京）.

小林雄一郎（2017a）『R によるやさしいテキストマイニング』オーム社。

小林雄一郎（2017b）『仕事に使えるクチコミ分析：テキストマイニングと統計学をマーケティングに活用する』技術評論社。

越出均（1998）『経営情報学の視座：組織の情報と協創』創成社。

Krippendorff, K.（1980）*Content Analysis:An Introduction to Its Methodology,* Beverly Hills:Sage Publication（三上俊治訳（1989）『メッセージ分析の技法』勁草書房）。

Kotler, P. & K., L.Keller（2006）*Philip Kotler Kevin Lane Keller marketing management,* Englewood Cliffs, N.J.:Prentice-Hall（恩藏直人監修・月谷真紀訳（2008）

『コトラー&ケラーのマーケティング・マネジメント第12版』ピアソン・エデュケーション）.

紺野登（1998）『知識資産の経営』日本経済新聞社。

Larose, D. T.（2004）*Discovering Knowledge in Data : An Introduction to Data Mining,* Indianapolis: Wiley.

Liebowittz, J.（1999）*Knowledge Management Handbook,* London ; CRC Press.

Linoff, G. & M. Berry（2011a）*Data mining techniques : for marketing, sales, and customer relationship management* , New York : Wiley（上野勉・江原淳・大野知英・小川祐樹・斉藤史朗・佐藤栄作・谷岡日出男・原田慧・藤本浩司訳（2014）『データマイニング手法 探索的知識発見編―営業，マーケティング，CRM のための顧客分析』海文堂出版．

Linoff, G. & M.Berry（2011b）*Data mining techniques : for marketing, sales, and customer relationship management,* New York:Wiley（上野勉・江原淳・大野知英・小川祐樹・斉藤史朗・佐藤栄作・谷岡日出男・原田慧・藤本浩司訳（2014）『データマイニング手法 予測・スコアリング編：営業，マーケティング，CRM のための顧客分析』海文堂出版．

Loshin, D.（2008）*Master Data Management*（*The MK/OMG Press*）, Morgan Kaufmann.

Magal, S.R.& J.Word（*2012*）*Integrated business processes with ERP systems,* Hoboken, N.J. ; Wiley.

Maier, R.（2002）*Knowledge management systems : information and communication technologies for knowledge management,* Berlin ; New York : Springer.

Mattison, R.（2001）*Telecom Churn Management:The Golden Opportunity*（Customer Telecare Series）, NC ; Apdg Pub..

Mazza, R.（2009）*Introduction to information visualization,* Springer（加藤諒（編集），中本浩（翻訳）（2011）『情報を見える形にする技術：情報可視化概論』ボーンデジタル）．

McCallum, Q. E.（2012）*Mapping the world of data problems : Bad data handbook,* Sebastopol, Calif. : O'Reilly（磯蘭水・笹井崇司訳（2013）『バッドデータハンドブック ―データにまつわる問題への19の処方箋』オライリージャパン）．

松下桂樹（1999）『戦略的IT投資のマネジメント：情報システム投資の経済性評価』白桃書房．

松村真宏・三浦麻子（2009）『人文・社会科学のためのテキストマイニング』誠信

書房。
三室克哉・鈴村賢治・神田晴彦（2007）『顧客の声マネジメント；テキストマイニングで本音を「見る」』オーム社。
三品和広（2004）『戦略不全の論理：漫性的な低収益の病からどう抜け出すか』東洋経済新報社。
三品和広（2007）『戦略不全の因果：1013社の明暗はどこで分かれたのか』東洋経済新報社。
宮川公男・上田泰（2014）『経営情報システム＜第4版＞』中央経済社。
Mintzberg, H., Ahlstrand, B., W. & J.Lampel（1998）*Strategy safari : a guided tour through the wilds of strategic management* , New York : Free Press（斎藤嘉則監訳・木村充・奥澤朋美・山口あけも訳（1999）『戦略サファリ：戦略マネジメント・ガイドブック』東洋経済新報社）．
Mitsa., T.（2010）*Temporal data mining（Chapman & Hall/CRC data mining and knowledge discovery series）*, Boca Raton : Chapman & Hall/CRC.
Monk, E. F & B., J. Wagner（2006）*Concepts in enterprise resource planning 2nd ed*, Australia : Thomson Course Technology（堀内正博・田中正郎訳（2006）『マネジメント入門：ERPで学ぶビジネスプロセス』トムソンラーニング，ビーエヌエヌ新社（発売））．
Moore, G.（1999）*Crossing the chasm : marketing and selling high-tech products to mainstream customers*, New York : HarperBusiness（川又政治訳（2002）『キャズム：ハイテクをブレイクさせる「超」マーケティング理論』翔泳社）．
Moorhead, G. & R.W.Griffin（2004）*Organizational behavior : managing people and organizations 7th ed.*, Boston:Houghton Mifflin.
元田浩・津本周作・山口高平・沼尾正行（2006）『IT text データマイニングの基礎』オーム社。
村上征勝（1994）『行動計量学シリーズ6 真贋の科学：計量文献学入門』朝倉書店。
中島庸介・保井俊之・神武直彦（2011）「オープンソース・インテリジェンスの競争分析への活用の戦略的枠組み：テキストマイニングによる日本の製薬業界の2010年問題におけるM&A情報分析を事例として」『インテリジェンス・マネジメント』第3巻第1号，pp.15-26。
中村博編著（2008）『専修大学商学研究所叢書7 マーケット・セグメンテーション：購買履歴データを用いて販売機会の発見』白桃書房。
那須川哲哉（2006）『テキストマイニングを使う技術／作る技術〜基礎技術と適用

事例から導く本質と活用法』東京電機大学出版局。
那須川哲哉（2009）「テキストマイニングの普及に向けて：研究を実用化につなぐ課題への取り組み」『人工知能学会誌』第 24 巻第 2 号，pp.275-282。
西田圭介（2017）『ビッグデータを支える技術：刻々とデータが脈打つ自動化の世界（WEB+DB PRESS plus）』技術評論社。
Nussbaumer. K.C.（2015）*Storytelling with data : a data visualization guide for business professionals,* Wiley（村井瑞枝訳（2017）『Google 流資料作成術』日本実業出版社）.
Nettleton, D.（2014）*Commercial data mining : processing, analysis and modeling for predictive analytics projects,* San Francisco, CA : Morgan Kaufmann Publishers Inc.（市川太祐・島田直希訳（2017）『データ分析プロジェクトの手引：データの前処理から予測モデルの運用までを俯瞰する 20 章』共立出版.
Nielsen, L. & N.Burlingame（2013）*A Simple Introduction to DATA SCIENCE: BOOK ONE*（*New Street Data Science Basics 1*）（*English Edition*）, New Street Communications, LLC : Amazon Services International, Inc..
日本 IBM 株式会社（2012）「Text Analytics for Surveys」。
沼上幹（2008）『わかりやすいマーケティング戦略 新版』有斐閣。
沼上幹（2009）『経営戦略の思考法：時間展開・相互作用・ダイナミクス』日本経済新聞出版社。
野中郁次郎（1990）『知識創造の経営：日本企業のエピステモロジー』日本経済新聞社。
野中郁次郎・竹内弘高（1996）『知識創造企業』東洋経済新報社。
野中郁次郎・紺野登（1999）「知識経営のすすめ：ナレッジマネジメントとその時代」ちくま新書。
野中郁次郎（2017）『知識機動力の本質：アメリカ海兵隊の組織論的研究』中央公論新社。
岡嶋裕史（2006）『数式を使わないデータマイニング入門：隠れた法則を発見する』光文社新書。
Olson, D. & S.Yong（2007）*Introduction to business data mining, The Irwin/McGraw-Hill series in operations and decision sciences,* Boston : McGraw-Hill/Irwin.
大隈昇（2003）「テキスト型データのマイニング：最近の動向とそれが目指すもの」『テキスト型データのマイニングとその応用』（2003 年度公開講座資料），統計

参考文献

数理研究所。

大澤幸生（2003）『チャンス発見の情報技術：ポストデータマイニング時代の意思決定支援』東京電機大学出版局。

大澤幸生（2006）『チャンス発見のデータ分析：モデル化＋可視化＋コミュニケーション→シナリオ創発』東京電機大学出版局．

Osborne, J. W.（2013）*Best practices in data cleaning : a complete guide to everything you need to do before and after collecting your data*, Beverly Hills : SAGE.

Pelphrey, M.W.（2015）*Directing the ERP implementation : a best practice guide to avoiding program failure traps while tuning system performance*（Series on resource management）, Boca Raton: CRC Press.

Pfeffer, J. & R., Sutton（2006）*Hard facts, dangerous half-truths, and total nonsense : profiting from evidence-based management,* Boston, Mass. : Harvard Business School Press（清水勝彦訳（2009）『事実に基づいた経営：なぜ「当たり前」ができないのか？』東洋経済新報社）．

Provost, F. & T. Fawcett（2013）*Data science for business : what you need to know about data mining and data-analytic thinking,* Sebastopol, Calif. : O'Reilly（竹田正和・古畠敦・瀬戸山雅人・大木嘉人・藤野賢祐・宗定洋平・西谷雅史・砂子一徳・市川正和・佐藤正士訳（2014）『戦略的データサイエンス入門：ビジネスに活かすコンセプトとテクニック』オライリー・ジャパン , オーム社）．

Porter, M., E.（1980）*Competitive strategy : techniques for analyzing industries and competitors,* New York : Free Press（土岐坤・中辻萬治・服部照夫訳（1982）『競争の戦略』ダイヤモンド社）．

Porter, M., E.（1985）*Competitive advantage: creating and sustaining superior performance,* New York : Free Press（土岐坤・中辻萬治・小野寺武夫訳（1985）『競争優位の戦略：いかに高業績を持続させるか』ダイヤモンド社）．

Porter, M., E.（1996）"*What is Strategy*"（DAIAMONDハーバード・ビジネス・レビュー編集部訳（2010）『戦略論1994-1999』ダイヤモンド社，第6章）．

Provost, F. & T. Fawcett（2013）*Data science for business : what you need to know about data mining and data-analytic thinking,* Sebastopol, Calif. : O'Reilly（竹田正和・古畠敦・瀬戸山雅人・大木嘉人・藤野賢祐・宗定洋平・西谷雅史・砂子一徳・市川正和・佐藤正士訳（2014）『戦略的データサイエンス入門：ビジネスに活かすコンセプトとテクニック』オライリー・ジャパン，オーム社）．

Pyle, D.（2003）*Business Modeling and Data Mining,* San Francisco, Calif. :

Morgan Kaufmann.

Redman, T.（2008）*Data Driven : Profiting from Your Most Important Business Asset*, Boston, Mass.:Harvard Business School Press（栗原潔訳（2010）『戦略的データマネジメント 企業利益は真のデータ価値にあり』翔泳社）.

蝋山昌一（1982）『日本の金融システム』東洋経済新報社。

Rogers, E., M.（2003）*Diffusion of innovations 5th ed.* New York : Free Press（三藤利雄訳（2007）『イノベーションの普及』翔泳社.

榊原清則（2005）『イノベーションの収益化：技術経営の課題と分析』有斐閣。

坂下昭宣（2007）『経営学への招待 第3版』白桃書房。

佐藤雅春（2001）『個客行動を予測する「データマイニング」』日刊工業新聞社。

嶋口充輝・石井淳蔵（1987）『現代マーケティング』有斐閣。

Squire, M.（2015）*Clean Data*, Packt Publishing.

高間康史（2017）『情報可視化：データ分析・活用のためのしくみと考えかた』森北出版。

Tan, P., Steinbach, M. & V. Kumar（2006）*Introduction to Data Mining : International Edition,*

Upper Saddle River, NJ : Pearson/Prentice Hall.

Tan, P., Steinbach, M. & V. Kumar（2013）*Introduction to Data Mining : Pearson New International Edition, Pearson* : Amazon Services International Inc..

田中洋（2008）『消費者行動論体系』中央経済社。

田村正紀（2006）『リサーチ・デザイン：経営知識創造の基本技術』白桃書房。

Thagard, P.（1996）*Mind : introduction to cognitive science*, Cambridge, MA： MIT Press（松原仁監訳，梅田聡・江尻桂子・幸島明男・開一夫訳（1999）『マインド：認知科学入門』共立出版）.

遠山曉・村田潔・岸眞理子（2015）『経営情報論 新版補訂（有斐閣アルマ）』有斐閣。

豊田裕貴・菰田文男編（2011）『特許情報のテキストマイニング：技術経営のパラダイム転換』ミネルヴァ書房。

Tufte, E. R.（1990）*Envisioning information*, Cheshire, Conn. : Graphics Press.

Tufte, E. R.（2006）*Beautiful evidence*, Cheshire, Conn. : Graphics Press.

月本洋（1999）『実践データマイニング：金融・競馬予測の科学』オーム社。

上田高穂・黒岩祥太・戸谷圭子・豊田裕貴（2005）『テキストマイニングによるマーケティング調査』講談社。

参考文献

歌代豊（2007）『情報・知識管理インフォメーション・マネジメント：ITとナレッジマネジメント（マネジメント基本全集）』学文社。

牛田一雄・高井勉・木暮大輔（2003）『SPSSクレメンタインによるデータマイニング』東京図書。

内田治（2002）『例解データマイニング入門―これが最新データ透視術』日本経済新聞社。

内田治・川嶋敦子・磯崎幸子（2012）『SPSSによるテキストマイニング入門』オーム社。

Veres, A. & A. Eross, ed.（2017）*Data Fusion : Methods, Applications and Research*（*Research Methodology and Data Analysis*）, New York : Nova Science Pub Inc.

Viktor, M.S. & K. Cukier（2013）*Big data : a revolution that will transform how we live, work and think*, (An Eamon Dolan book), Houghton Mifflin Harcourt（斎藤栄一郎訳（2013）『ビッグデータの正体：情報の産業革命が世界のすべてを変える』講談社 Amazon Services International Inc..

Walsh, J. P.（1995）"Managerial cognition and organizational cognition : Note from a trip down memory lane,"*Organization Science*, Vol.6, No.3 , pp.280-321.

Watson, R.（2013）*Data Management: Foundations of Data Analytics*（English Edition）eGreen Press ; Amazon Services International, Inc..

Weiss, S. M., Indurkha, N., Zhang, T., & F., J. Damerau（2005）．*Text mining: Predictive methods for analyzing unstructured information*. New York : Springer.

Wendler, T. & S., Gröttrup（2016）*Data Mining with SPSS Modeler: Theory, Exercises and Solutions*, Springer International Publishing.

Wenger, E., McDermott, R.&W.M.Snyder（2002）*Cultivating communities of practice*, Harvard Business School Press（野村恭彦監修・櫻井祐子訳（2002『コミュニティ・オブ・プラクティス：ナレッジ社会の新たな知識形態の実践』翔泳社）。

Wu, X. & V., Kumar（2009）*The top ten algorithms in data mining*（*Chapman & Hall/CRC data mining and knowledge discovery series*）, Boca Raton : Chapman & Hall/CRC.

矢田勝俊（2004）『ソシオネットワーク戦略研究叢書；第2巻データマイニングと組織能力』多賀出版。

山鳥忠司・古本孝（2001）『戦略経営に活かすデータマイニング：過去を分析し未来を予測する』かんき出版。

Zaki, M. & M.Wagner（2014）*Data mining and analysis : fundamental concepts and algorithms,* New York : *Cambridge* University Press.

Zanasi, A.（2005）*Text mining and its applications to intelligence, CRM and knowledge management,* Southampton, Boston : WIT.

Zyman, S.（1999）*The end of marketing as we know it,* London : Harper Collins Business（中野雅司訳（2000）『そんなマーケティングなら、やめてしまえ！：マーケターが忘れたいちばん大切なこと』ダイヤモンド社）．

Zyman, S. & A. Brott（2004）*Renovate Before You Innovate,* New York : Portfolio（中野 雅司・山本 暎子（2005）『そんな新事業なら、やめてしまえ！既存の資産と能力を活かす6つの原則』ダイヤモンド社）．

喜田昌樹（2005）「経営学におけるテキストマイニングのデータクリーニング」『大阪学院大学企業情報研究』第4巻第2号，pp.57-72。

喜田昌樹（2006）「アサヒの組織革新の認知的研究：有価証券報告書のテキストマイニング」『組織科学』第39巻第4号，pp.79-92。

喜田昌樹（2007）『組織革新の認知的研究：認知変化・知識の可視化と組織科学へのテキストマイニングの導入』白桃書房。

喜田昌樹（2008）『テキストマイニング入門：経営研究での活用法』白桃書房。

喜田昌樹（2010）『ビジネス・データマイニング入門』白桃書房。

喜田昌樹・金井壽宏・深澤晶久（2013）「個人属性とリーダーシップ持論の関係：実践家の抱く持論のテキストマイニング」『國民經濟雜誌』第208巻第6号，pp.1-32。

喜田昌樹（2013）『ビジネス心理士検定試験公式テキスト2　マネジメント心理』中央経済出版社，pp.117-138。

喜田昌樹（2014）「データマイニングの視点から見たテキストマイニング（〈特集〉情報経営への言語的アプローチ）」『日本情報経営学会誌』第35巻1号，pp.4-18。

喜田昌樹（2015）「企業内情報活用の前提条件」『経営情報学会　全国研究発表大会要旨集 2015f』pp.267-270。

喜田昌樹（2018）『新テキストマイニング入門：経営研究での「非構造化データ」の扱い方』白桃書房。

喜田昌樹・一般社団法人日本情報システム・ユーザー協会ビジネスデータ研究会（2018）『経営のためのデータマネジメント入門』中央経済社。

謝　辞

　なお，小生が浅学のため，本書におけるありうべき誤謬は，すべて小生に帰するものである。

　本書を上梓するに当たり，神戸大学の加護野忠男先生をはじめとする多くの先生方，ならびに緒先輩の皆様に厚く御礼申し上げなければならない。

　加護野忠男先生には，大学院時代，その後勤めてからも，ナレッジ・マネジメント，データマイニング及びテキストマイニング，企業内情報活用という研究テーマをご理解いただいた上でさまざまな援助をしていただいた。このようなご理解とご援助に対して，本書の上梓をもってご恩返しとできればと思っている。

　本書は，日本企業の情報活用の研究をスタートとしている。その共同研究者である大阪学院大学商学部，石倉弘樹先生，短期大学部，後藤晃範先生，名古屋市立大学経済学研究科，奥田真也先生，には特にお世話になった。本書の上梓をもって御礼としたい。

　また，所属する経営学部の先生方には，通常の業務などの点において数多くのご迷惑をおかけしたことをお詫びし，小生の研究にご理解をいただいたことを御礼申し上げる。

　その上で，本書は，科学研究費補助金，基盤研究（C）科研番号24530434の成果の1つである。

　本書の意図及び目的をご理解いただき，出版を快くお引き受けくださり，丁寧なご指導をいただいた白桃書房の大矢栄一郎氏にも厚く御礼申し上げる。

　2018年12月24日

■著者紹介

喜田　昌樹（きだ　まさき）

1989年	同志社大学経済学部卒業
1995年	神戸大学大学院経営学研究科博士後期課程単位取得退学
1995年	大阪学院大学経営科学部専任講師
2000年	大阪学院大学企業情報学部助教授
2008年	神戸大学より博士号取得，博士（経営学）
現　在	大阪学院大学経営学部教授

研究領域　認知的組織論，ナレッジマネジメント，テキストマイニング

著書に『組織革新の認知的研究―認知変化・知識の可視化と組織科学へのテキストマイニングの導入―』（2007，白桃書房），『テキストマイニング入門―経営研究での活用法』（2008，白桃書房）。『新テキストマイニング入門―経営研究での「非構造化データ」の扱い方』（2018，白桃書房），『経営のためのデータマネジメント入門』（2018，中央経済社）。

主要論文に「アサヒビールの組織革新の認知的研究―有価証券報告書のテキストマイニング」『組織科学』（2006），「組織的知識構造の知識表象研究の貢献―組織知識の可視化に向けて―」『ナレッジ・マネジメント研究年報』（2005），「ナレッジ・マネジメントの理論的・方法論的基盤としての組織的知識構造の知識表象研究」『ナレッジ・マネジメント研究年報』（2002）等がある。

■ ビジネス・データマイニング入門【増補改訂版】　〈検印省略〉

■ 発行日 ── 2010年10月26日　初版発行
　　　　　　　2019年 2 月26日　増補改訂版発行

■ 著　者 ── 喜田　昌樹

■ 発行者 ── 大矢栄一郎

■ 発行所 ── 株式会社　白桃書房
　　　　　　〒101-0021　東京都千代田区外神田5-1-15
　　　　　　☎03-3836-4781　FAX03-3836-9370　振替00100-4-20192
　　　　　　http://www.hakutou.co.jp/

■ 印刷・製本 ── 藤原印刷

Ⓒ Masaki Kida 2010, 2019　Printed in Japan
ISBN 978-4-561-24723-4　C3034

JCOPY〈(社)出版者著作権管理機構　委託出版物〉
本書の無断複写は著作権法上での例外を除き禁じられています。複写される場合は，そのつど事前に，(社)出版者著作権管理機構（電話03-5244-5088，FAX03-5244-5089, e-mail：info@jcopy.or.jp）の許諾を得てください。
落丁本・乱丁本はおとりかえいたします。

好 評 書

喜田昌樹【著】
新テキストマイニング入門 本体 4,500 円
—経営研究での「非構造化データ」の扱い方

小方 孝・川村洋次・金井明人【著】
情報物語論 本体 5,000 円
—人工知能・認知・社会過程と物語生成

チョ・ファスン 他【著】木村 幹【監訳】藤原友代【訳】
ビッグデータから見える韓国 本体 2,600 円
—政治と既存メディア・SNS のダイナミズムが織りなす社会

中村元彦【著】
IT 会計帳簿論 本体 3,800 円
—IT 会計帳簿が変える経営と監査の未来

──────── 東京 **白桃書房** 神田 ────────

本広告の価格は本体価格です。別途消費税が加算されます。

好 評 書

田村正紀【著】
経営事例の物語分析　　　　　　　　　　　　　本体 2,600 円
　―企業盛衰のダイナミクスをつかむ

田村正紀【著】
経営事例の質的比較分析　　　　　　　　　　　本体 2,700 円
　―スモールデータで因果を探る

田村正紀【著】
リサーチ・デザイン　　　　　　　　　　　　　本体 2,381 円
　―経営知識創造の基本技術

──────── 東京　**白桃書房**　神田 ────────

本広告の価格は本体価格です。別途消費税が加算されます。

好 評 書

手島歩三【監修・著】南波幸雄・小池俊弘・松井洋満・安保秀雄【著】
働く人の心をつなぐ情報技術　　　　　　　　　　　本体 2,800 円
　—概念データモデルの設計

栗山　敏【著】
情報システムを成功に導く経営者の支援行動　　　　本体 2,600 円
　—失敗する情報システム構築に共通する社長の行動

岩尾詠一郎【編著】
情報化社会におけるマーケティング　　　　　　　　本体 2,000 円
　—消費者行動とロジスティクスにおけるデータ活用

──────── 東京　**白桃書房**　神田 ────────

本広告の価格は本体価格です。別途消費税が加算されます。